朝鮮總督府 第Ⅰ期

『普通學校國語讀本』原文 上

(巻一～巻四)

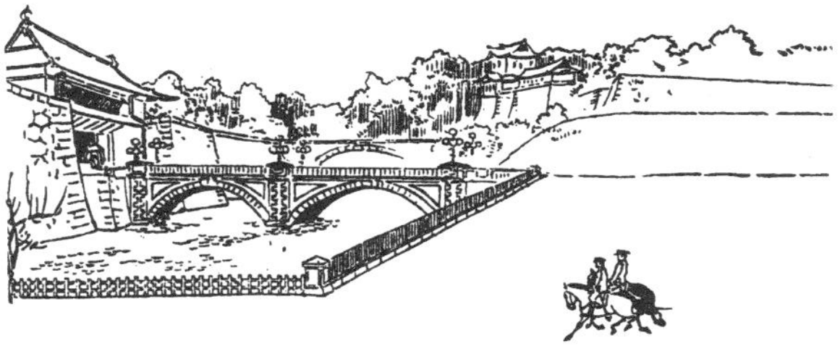

김순전・박제홍・장미경・박경수・사희영
編

제이앤씨
Publishing Company

朝鮮總督府編纂

普通學校國語讀本 卷一

朝鮮總督府編纂

普通學校國語讀本 卷二

朝鮮總督府編纂

普通學校國語讀本 卷三

朝鮮總督府編纂

普通學校國語讀本 卷四

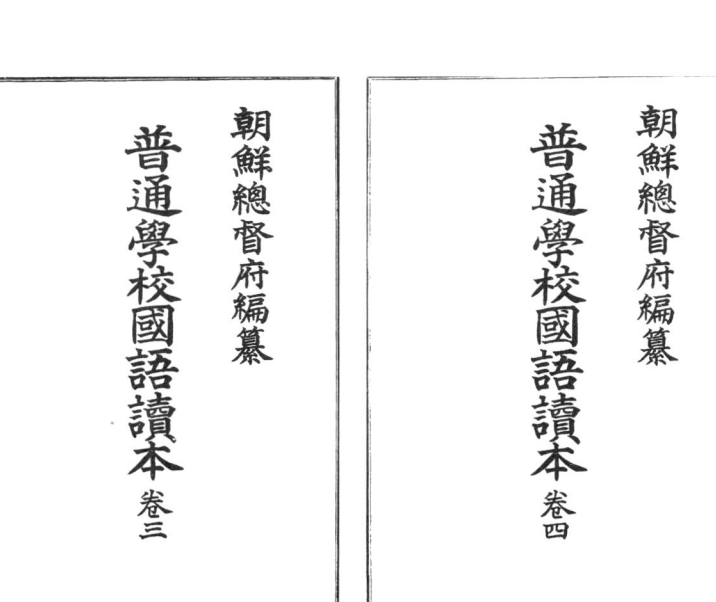

≪總 目 次≫

卷二(1學年 2學期, 1913)

モクロク

巻三(2學年 1學期, 1913)

もくろく

巻四 (2學年 2學期, 1913)

もくろく

序 文

1. 조선총독부 편찬『普通學校國語讀本』원문서 발간의 의의

베네딕트 앤더슨은 '국민국가'란 절대적인 존재가 아니라 상대적인 것이며, '상상된 공동체'라 하였으며, 이러한 공통체 안에서 국민국가는 그 상대성을 극복하기 위하여 학교와 군대, 공장, 종교, 문학 그 밖의 모든 제도와 다양한 기제들을 통해 사람들을 국민화 하였다. '근대국가'라는 담론 속에서 '국민'이란 요소는 이미 많은 사람들에 의해 연구되어져 왔고, 지금도 끊임없이 연구 중에 있다. 근대 국민국가의 이러한 국민화는 '국가'라는 장치를 통해 궁극적으로는 국가의 원리를 체현할 수 있는 개조된 국민을 이데올로기 교육을 통하여 만들어 내는 데 있다.

교과서는 무릇 국민교육의 정화(精華)라 할 수 있으며, 한 나라의 역사진행과 불가분의 관계를 가지고 있다. 따라서 교과서를 통하여 진리탐구는 물론, 사회의 변천 또는 당시의 문명과 문화 정도를 파악할 수 있음은 물론, 무엇보다 중요한 한시대의 역사 인식 즉, 당시 기성세대는 어떤 방향으로 국민을 이끌어 가려 했고, 그 교육을 받은 세대(世代)는 어떠한 비전을 가지고 새 역사를 만들어가려 하였는지도 판독할 수 있다. 이렇듯 한시대의 교과서는 후세들의 세태판독과 미

래창조의 설계를 위한 자료적 측면에서도 매우 중요하다 생각된다.

이에 일제강점기 조선의 초등학교에서 사용되었던 朝鮮總督府 編纂『普通學校國語讀本』(1912~1915) 원문서를 정리하여 발간하는 일은 한국근대사 및 일제강점기 연구에 크게 기여할 수 있는 필수적 사항이다. 이에『普通學校國語讀本』의 원문서 출판은 그동안 사장되었던 미개발 자료의 일부를 발굴하여 체계적으로 정리해 놓는 일의 출발로서 큰 의의가 있을 것이다. 이로써 한국학(韓國學)을 연구하는데 필요한 자료를 제공함은 물론, 나아가서는 1907년부터 1945년 8월까지 한국에서의 일본어 교육과정을 알 수 있는 자료적 의미도 상당하다고 할 수 있다. 특히 1960년대부터 시작된 한국의 일본학 연구는 1990년경에 연구자들에 회자되었던 '한국에서 일본연구의 새로운 지평열기'에 대한 하나의 방향 및 대안 제시로 볼 수도 있을 것이다.

지금까지 우리들은 "일본이 조선에서 어떻게 했다"는 개괄적인 것은 수없이 들어왔으나, "일본이 조선에서 이렇게 했다"는 실제를 보여준 적은 지극히 드물었다. 이는 '먼 곳에 서서 숲만 보여주었을 뿐, 정작 보아야 할 숲의 실체는 볼 수 없었다.' 는 비유와도 상통하며, 때문에 그러한 것들의 대부분이 신화처럼 화석화되었다 해도 과언이 아닐 것이다.

따라서 강점 초기 조선아동용 일본어 입문서인『普通學校國語讀本』에 대한 재조명은 '일본이 조선에서 일본어를 어떻게 가르쳤는가?'를 실제로 보여주는 작업이 될 것이며, 아울러 이 시대를 사는 우리들이 과거 긴박했던 세계정세의 흐름을 통하여 오늘날 급변하는 세계에 대처해 나갈 능력을 키울 수 있으리라고 본다. 이를 기반으로 당시 한국 근대화 과정의 요소요소에 스며들어 있는 일본문화의 여러 양상을 중층적 입체적 구체적으로 파악하고, 새로운 시점에서 보다 나은 시각으로 당시의 모든 문화와 역사, 나아가 역사관을 구명할 수 있는 기초자료로 활용되기를 기대한다.

2. 근대 조선의 일본어 교육

1) 일본의 '國語' 이데올로기

근대에 들어와서 국가는 소속감과 공통문화에 대한 연대의식과 정치적 애국심을 바탕으로 강력한 국민국가의 형태로 나타나게 되었고, 외세의 침입으로부터 국가를 보호하기 위해 국민을 계몽하고 힘을 단합시키데 국가적 힘을 결집하게 된다. 그리하여 국가가 필요로 하는 국민을 만들기 위해 공교육제도를 수립하고, 교육에 대한 통제를 강화하여 교육을 국가적 기능으로서 편입시키게 된다.

국가주의는 국민(nation)의 주체로서 구성원 개개인의 감정, 의식, 운동, 정책, 문화의 동질성을 기본으로 하여 성립된 근대국민국가라는 특징을 갖고 있다. 국가주의의 가장 핵심적인 요소는 인종, 국가, 민족, 영토 등의 객관적인 것이라고 하지만 公用語와 문화의 동질성에서 비롯된 같은 부류의 존재라는 '우리 의식'(we~feeling) 내지 '自覺'을 더욱 중요한 요인으로 보는 것이 일반적이다. 여기에서 더 나아가 '우리 의식'과 같은 국민의식은 국가를 위한 운동, 국가 전통, 국가 이익, 국가 안전, 국가에 대한 사명감(使命感) 등을 중시한다. 이러한 국민의식을 역사와 문화 교육을 통하여 육성시켜 강력한 국가를 건설한 예가 바로 독일이다. 근대 국민국가의 어떠한 특정한 주의, 예를 들면 독일의 나치즘(Nazism), 이탈리아의 파시즘(Fascim), 일본의 쇼비니즘(Chauvinism)은 맹목적인 애국주의와 국수주의적인 문화, 민족의식을 강조하고, 이러한 의식을 활용하여 제국적인 침략주의로 전락하고 있는 것도 또 하나의 특징이다.

'Ideology'란 용어는 Idea와 Logic의 합성어로서 창의와 논리의 뜻을 담고 있다. Engels와 Marx의 이념 정의를 요약하면, "자연, 세계, 사회 및 역사에 대해 가치를 부여하고 그 가치성을 긍정적, 부정적으로 평가하는 동의자와 일체감을 형성하여 그 가치성을 행동으로 성취하는 행위"[1]라는 것이다. 따라서 Ideology란 '개인의 의식 속에 내재해 있으면서도 개인의식과는 달리 개인이 소속한 집단, 사회, 계급, 민족이 공유하고 있는 <공동의식>, 즉 <사회의식>과 같은 것'이라 할 수 있다.

일본의 교과서는, 메이지 초기 <自由制>, 1880년 <開申制(届出制)>, 1883년 <認可制>, 그리고 1886년 <檢定制>를 거쳐, 1904年 <國定教科書>에 이른다.

메이지 유신 이후 주목할 만한 변화를 보면, 정치적으로는 <國民皆兵制>(1889)가 실시되고, <皇室典範>(1889)이 공포되어 황실숭상을 의무화하는가 하면, <大日本帝國憲法>(1889)이 반포되어 제국주의의 기초를 마련한다. 교육적으로는 근대 교육제도(學制, 1872)가 제정공포되고, <教育勅語>(1890)와 「기미가요(君が代)」(1893) 등을 제정하여 제정일치의 초국가주의 교육체제를 확립해 나간다.[2]

일본어의 口語에 의해, 우에다 가즈토시(上田萬年)가 주장했던 '母語 = 國語' 이데올로기는 보다 구체화되었다. 그러나 그 중핵은 학습에 의해서만 습득할 수 있는 극히 인위적인 언어였음에도 불구하고

---

1) 高範瑞 외 2인(1989), 『現代이데올로기總論』, 학문사, pp.11~18 참조.
2) 黃惠淑(2000), 「日本社會科教育의 理念變遷研究」, 韓國教員大學校 大學院 博士學位論文, p.1

근대일본의 여러 제도(교육, 법률, 미디어 등)는, 이 口語에 의해 유지되어, 母語 = 國語 이데올로기로 확대 재생산되기에 이르러, 오늘날에도 일본어 = 국어는 일본인에 있어서 대단히 자명한 사실인 것처럼 받아들여지고 있다.

일본은 국가신도(國家神道)를 통하여 일본인과 조선인에게 천황신성사상의 이데올로기를 심어주려 하였다. 만세일계의 황통이니, 팔굉일우(八紘一宇)니, 국체명징(國體明徵)이니, 기미가요(君が代) 등으로 표현되는 천황에 대한 충성심, 희생정신이 일본국가주의의 중심사상으로 자리잡게 된 것이다. 즉, '명령과 절대복종'식의 도덕성과 충군애국사상을, 교육을 통해서 심어주고자 한 것이 '국가주의'에 의한 일본식 교육이었음을 알 수 있다.

2) 조선후기 교육제도의 변화와 일본어 교육

근대조선에 있어서 일본인에 의한 일본어 교육은 1891년 6월 경성에 개설된 日語學堂에서 시작된다. 교장 겸 교사로 부임한 오카쿠라 요시사부로(岡倉由三郎)[3]에 의한 이 日語學堂의 설립 목적은 한일교섭의 통역자를 양성하기 위한 것이었다. 이어서 청일전쟁 이후 인천에 官立仁川港外國語學校, 경성에 日語學校, 부산에 開成學校 등이 세워지고, 1899년에는 平壤, 京城, 城津에 일본어 학교가 설립[4]되

3) 岡倉由三郎(1868~1936) 明治, 大正, 昭和期의 영어학자. 오카쿠라 덴싱의 동생. 1891년 조선정부로부터 초청받아 일본어학교를 창립. 1896년부터 1925년까지 東京高師 英語科主任 역임.

4) 이는 일제가 발행한 문서에 의한 것으로 다소 오류가 있다. "일제는 동학혁명을 좌절시키고 청일전쟁에서 성공한 후 조선에 친일적인 갑오개혁 정부를 세워 과거제를 폐지하고 새로운 소학교 교과서 편찬을 결의했다. 고종황제는 1896년 <교육입국조서>와 더불어 신학제를 시행하며 소학교를 설립했지만 이는 모두 일본의 세력을 배경으로 일본 교육칙어와 학제를 모방하여 교육의 기준을 정한 것이었다. 그리고 갑오개혁 정부가 의무교육의 실시를 결정한 것은 성급한 정책이었고 예산

어 일본어교육은 점차 한국 땅에 뿌리내리게 된다.

갑오개혁 전후로 우리 민족의 근대교육에 대한 인식은 크게 변하였다. 부국강병을 위한 시무책 일환인 교육입국론(教育立國論)이 점차 파급되면서, <교육입국조서(教育立國詔書)>와 함께 <소학교령>, <사범학교령>, <실업학교령> 등 근대교육 시행을 위한 법령이 반포되었다. 이어 정부는 서울과 주요 지방도시에 관공립소학교를 설립하는 등 근대교육 시행에 노력하였다. 격변하는 세계정세의 흐름을 염두에 둔 지배층은 구교육으로 인한 '허명(虛名)'의 교육을 버리고 신교육에 의한 '실용(實用)'의 교육으로 나아갈 의지를 밝혔다.

초등교육의 제도적 기반은 1895년 7월 19일 <소학교령>이 공포되면서 마련되었고, 같은 해 8월에는 <소학교규칙대강>을 공포하여 소학교의 구체적인 대강을 제시하였다.

<소학교령> 제1조에는 "소학교는 아동신체의 발달에 유의하여 국민교육의 기초와 그 생활상 필요한 보통지식과 지능을 授함을 本旨로 함"으로서 교육목적을 제시하고 있다.

이 시기 정부에서 제시한 소학교 교육목적은 동양의 유교적 전통이념에 서구의 실용적 이념을 받아들여, '오륜(五倫) + 실용성 + 공공성 = 국민적 인재 양성'이라는 도식으로 나타난다. 이는 이전의 '소수 인재양성'에서 점차 '다수 인재양성'으로 교육시스템이 변화해 가는 것으로, 초등 기초 보통교육이 도입되는 과도기 양상으로 볼 수 있다.

또한 소학교의 기초교육과정 시스템인 학제(學制)를 제정함으로서 의무교육의 틀을 마련한 지배층은 <소학교령> 제2조에 따라 소학교

과 교원의 부족 그리고 교과목에 있어 한문과 習字의 교수는 서장과 다를 바 없었다"고 일제는 평가했다.(大藏省管理局編(2000), 『日本人の海外活動に關する歷史的調査』, 東京 : 紀伊國屋書房, pp.3~4 참고)

를 설립주체별로 정부설립의 관립, 부(府) 혹은 군(郡) 설립의 공립, 그리고 민간인 설립인 사립으로 나누었다.

日本語는 1895년 <소학교령>기 까지는 단순 외국어로 취급되다가, 통감부 설치 이후 독립된 교과로 선정되면서 시간도 국어(조선어), 산술과 함께 주당 6시간이 배정되어 <보통학교령> 하에서 주요 교과로 부상하게 된다.

1907년 학부에서 출판한 『普通學校學徒用日語讀本』은 내용 전체가 모두 일본어로 되어 있다. 삽화를 넣어 학습자의 흥미를 이끌고자 하였고, 외국어로서 일어를 일본의 문화와 함께 쉽고 빠르고 정확하게 습득할 수 있도록 생활에서 흔히 사용되는 단어, 절, 문장으로 이야기를 꾸며 한 단원을 전개하고 있다. 편제는 일상생활, 자연과학, 새로운 문명, 날씨 등의 다양한 주제로, 이야기를 통한 바른 어법의 연습이 이루어질 수 있도록 세심하게 난이도를 고려하여 문장이 구성되어 있다.

이 밖의 일본어 교과서로는 『대속성 3개월 일어독습서』(육종면, 1909)와 『독습일어정칙』(정운복, 1909)이 있었다. 두 책이 모두 일본어를 외국어로서 접근하지 않고 우리말에 단어를 대응시키면 일본어 문장이 될 수 있다는 전제 하에 1과부터 마지막 과까지 같은 난이도로 다양한 문장을 제시하고 있다. 두 교과서가 다루는 주제 역시 정치, 법률, 학교, 산업, 지리 등 인문사회 전반에 걸친 다양한 것들로 편찬의 의도는 초급자를 위한 것이나 초등용 교과서로 보기는 어렵다.

3) 統監府시대 學部의 교육법령

한국에서는 갑오경장(1894)에 이어 1895년 1월의 <홍범14조>를 기반으로 하여, 같은 해 2월 2일 발포한 고종의 <교육입국조서>에 덕육(德育) → 체육(體育) → 지육(智育)의 전인적 발달을 도모하는 교육의 필요성을 강조한 이후, 최초의 사범학교인 '한성사범학교'가 설립된다. 그러나 <을사늑약>으로 말미암아 1906년 일본인 교육 참여관의 감독 아래, 한국의 교육은 일본인의 간섭과 의도에 의해 편성되었다. 이에 따라 사범학교에서 배출된 한국인 교사는 신교육에 대한 학식과 경험이 부족하다는 표면적인 이유와 '新學制'라는 명분을 내세워 보통학교에 일본인 교사를 파견, 임용함으로 한국교육을 일본인의 통제 아래 두려는 그들이 의도를 드러내기 시작한다.

한국의 근대교육에서 새로운 학제에 의해 편찬된 교과서 중, 『新訂尋常小學』(권1～권3)은, 1896년 대한제국의 學部에서 고용한 일본인 보좌관 다카미 히사시(高見龜)와 아사카와 마쓰지로(麻川松次郎)의 기획에 의해 편찬된 『朝鮮語讀本』이다.

1905년 교과서 편찬위원회를 설치한 학부는 먼저 보통학교 교과서 편찬작업에 착수, 1906년에 보통학교용 교과서 일부를 만들어 보통학교의 개교와 더불어 이를 사용하려 하였다. <교과용도서검정규정(教科用圖書檢定規程)>을 제정하여 학생용과 교사용의 교과용 도서는 우선적으로 학부에서 편찬한 것으로 하였다.

1906년 2월에 통감부(統監府)가 설치되어 <보통학교령>이 발포됨에 따라 더욱 박차를 가하게 되는데, 이토 히로부미(伊藤博文)가 통감으로, 참여관으로는 교사 출신 시데하라 다이라(幣原坦)의 사임(辭任)에 이어, 미쓰치 주조(三土忠造)가 취임하게 된다. 그리고 관료 출신인 다와라 마고이치(俵孫一)는 學部의 차관으로, '文明的인 教育'을 내세우며 주로 교과서 편찬에 관여하면서 1907년 조선인 교육의 행정권을 장악하였다. 그러나 전국 각지에서 조선독립을 외치는 상황에서, 통감부가 목표한 '동화교육'은 쉽게 표면화 될 수 없었다. 때문에 '문명적 교육'을 시행한다는 구실로 '文明的인 教育'의 기치를 내세웠지만, 그 실상은 조선인의 자주적인 민족교육을 탄압하면서 조선에 대한 교육적 지배라 할 수 있을 것이다.

이 시기 통감부에서 교육제도를 정비한 주요 法令制定은 <표 1>과 같다.

<표 1> 統監府 시대 한국에서의 교육법령

년 월 일		교 육 법 령
1906	8월 27일	普通學校令
	8월 31일	師範學校令, 外國語學校令, 高等學校令
1908	4월 2일	高等女學校令
	8월 26일	私立學校令
	8월 28일	學部令, 公立私立學校認定에 關한 規定, 教科書用図書検定規定公布
	12월 29일	成均館官制
1909	4월 27일	實業學校令
	7월 9일	實業學校令施行規則, 高等女學校令施行規則, 師範學校令施行規則, 高等學校令施行規則, 外國語學校令施行規則

학부는 1909년 4월에 <보통학교령>을, 같은 해 7월에 <보통학교령시행규칙>을 개정하여 보통학교의 교육과정과 교과목의 매주 교수시수를 개편하였다. 개편된 보통학교 교육과정과 교수시수는 1906년의 것과 거의 비슷하나 내용에서 주목할 것은 「국어」와 「한문」 두 과목을 「국어 및 한문」 한 과목으로 통합하고 시간수도 남자 10시간, 여자 9시간으로 조정하였다. 이는 <보통학교령>기에는 여성교육의 중요성을 강조하고 있음에도 불구하고, 수업시수를 달리 배정한 것은

아직은 여성교육에 대한 인식이 낮았음을 의미한다.

<보통학교령> 제2장 제6조에 의하면 보통학교의 교과목은 수신, 국어, 한문, 일어, 산술, 지리, 역사, 이과, 도화, 체조의 10개 과목으로 설정하였으며, 여학생은 수예를 더하고 사정에 따라 창가, 수공, 농업, 상업 중 한 과목 혹은 몇 과목을 반드시 더 하도록 하였다. 종래의 <소학교>는 <보통학교>로 개칭되었고, 수업연한을 4년으로 하였으며, 보통학교 교과에 日本語가 필수과목으로 추가[5]되었다. 또한 지리, 역사의 경우도 실제로 시간수는 별도로 배정되어 있지 않고, 국어와 일어 교과에서 역사나 지리와 관련된 내용을 포함하여 다루도록 하였다.

학부는 국정교과서를 직접 편찬할 뿐 아니라 사립학교 교과용 도서의 질적 개선을 도모한다는 명분 아래 민간인 저작 교과용 도서를 검정하였는데, 그 실상은 교육내용을 규제할 목적을 가지고 있었다. <교과용도서검정규정>(학부령 제16호, 1908. 8.28)을 보면, 공사립보통학교의 교과용 도서는 '① 학부에서 편찬한 것, ② 학부대신의 검정을 받은 것, ③ 이상에 해당된 도서가 없을 경우 학교장이 학부대신의 인가를 받아서 다른 도서를 쓸 수 있다.'는 규정에 합당해야 했다. 또한 <사립학교령>(1908. 8) 제16조에 <사립학교교과서에 대한 규정>도 앞의 <교과용도서검정규정>에 준하는 내용이 제시되어 민족의식, 배일사상을 고취하는 내용은 배제하도록 통제하였다.

학부가 편찬한 보통학교 교과서는 1909년 5월 당시『수신서』4권,『국어독본』8권,『日語讀本』8권,『圖畵讀本』4권,『漢文讀本』4권,『理科書』2권 등, 총 7종 41권이었다.

---

5) 朴英淑(2000),「解題 第一期『普通學校國語讀本』について」, 朝鮮總督府編纂『普通學校國語讀本』所收. 참고

<보통학교령>기의 한국과 일제는 '구국'과 '식민지화'라는 서로 병행할 수 없는 다른 목적을 위한 교육을 우선 수단으로 선택하였다. 이에 따라 우리 민족은 민족운동세력과 친일 또는 부일세력으로 대립하는 새로운 이중구조에 놓이게 된 것이다.

4) 합병후 조선의 교육제도와 일본어 교육

일본어 교육은 식민지 조선이라는 식민지의 특수한 상황에서 풍속미화의 동화정책 중에서도 가장 기본적인 수단으로 중요시되었다. 이는 말과 역사를 정복하는 것이 동화정책의 시작이요 완성이라는 의미이다.

1910년 8월 29일, 한국이 일본에 합병되며, 메이지천황의 합병에 관한 조서(詔書)는 다음과 같다.

> 짐은 동양의 평화를 영원히 유지하고 제국의 안전을 장래에 보장할 필요를 고려하여……조선을 일본제국에 합병함으로써 시세의 요구에 응하지 않을 수 없음을 염두에 두어 이에 영구히 조선을 제국에 합병하노라…下略…6)

일제는 한일합방이 이루어지자, <大韓帝國>을 일본제국의 한 지역으로 인식시키기 위하여 <朝鮮>으로 개칭(改稱)하였다. 그리고 제국주의 식민지정책 기관으로 <朝鮮總督府>를 설치하고, 초대 총독으로 데라우치 마사타케(寺內正毅)를 임명하여 무단정치와 제국신민교육을 병행하여 추진하였다. 따라서 일제는 조선인 교육정책의 중점

---

6) 教育編纂會(1964), 『明治以降教育制度發達史』 第十卷 p.41(필자 번역, 이하 동). 朝鮮教育研究會(1918), 『朝鮮教育者必讀』, pp.47～48 참고

을 '점진적 동화주의'에 두고 풍속미화(풍속의 일본화), 일본어 사용, 국정교과서의 편찬과 교원양성, 여자교육과 실업교육에 주력하여 보통교육으로 관철시키고자 했다. 특히 일제 보통교육 정책의 근간이 되는 풍속미화는 황국신민의 품성과 자질을 육성하기 위한 것으로 일본의 국체정신과 이에 대한 충성, 근면, 정직, 순량, 청결, 저축 등의 습속을 함양하는데 있었다. 일본에서는 이를 <통속교육위원회>라는 기구를 설치하여 사회교화라는 차원에서 실행하였는데, 조선에서는 이러한 사회교화 정책을, 보통학교를 거점으로 구상한 점이 일본과 다르다 할 수 있다.[7)]

조선총독부는 한국병합 1년 후인 1911년 8월 24일 <朝鮮教育令>[8)] 이 공포되어 본격적인 일제 통치하의 교육이 시작된다. 초대 조선총독 데라우치 마사타케(寺內正毅)의 교육에 관한 근본방침에 근거한 <朝鮮教育令>은 全文 三十條로 되어 있으며, 그 취지는 다음과 같다.

> 조선은 아직 일본과 사정이 같지 않아서, 이로써 그 교육은 특히 덕성(德性)의 함양과 일본어의 보급에 주력함으로써 황국신민다운 성격을 양성하고 아울러 생활에 필요한 지식 기능을 교육함을 본지(本旨)로 하고……조선이 제국의 융운(隆運)에 동반하여 그 경복(慶福)을 만끽함은 실로 후진 교육에 중차대한 조선 민중을 잘 유의시켜 각자 그 분수에 맞게 자제를 교육시켜 成德 達才의 정도에 따라야 할 것이며, 비로소 조선의 민중은 우리 皇上一視同仁의 홍은(鴻恩)을 입고, 一身一家의 福利를 향수(享受)하고 人文 발전에 공헌함으로써 제국신민다운 열매를 맺을 것이다.[9)]

7) 정혜정・배영희(2004), 「일제 강점기 보통학교 교육정책연구」, 『教育史學 硏究』, 서울대학교 教育史學會 편, p.166 참고
8) 教育編纂會(1964), 위의 책, pp.60~63

이에 따라 교사의 양성에 있어서도 <朝鮮教育令>에 의하여, 구한말 고종의 <교육입국조서>의 취지에 따라 설립했던 기존의 '한성사범학교'를 폐지하고, '관립고등보통학교'와 '관립여자고등보통학교'를 졸업한 자를 대상으로 1년간의 사범교육을 실시하여 배출하였으며, 부족한 교원은 '경성고등보통학교'와 '평양고등보통학교'에 부설로 수업기간 3개월의 임시교원 속성과를 설치하여 <朝鮮教育令>의 취지에 맞는 교사를 양산해 내기에 이른다.

데라우치 마사타케가 제시한 식민지 교육에 관한 세 가지 방침은, 첫째, '조선인에 대하여 <教育勅語>(Imperial rescript on Education)의 취지에 근거하여 덕육을 실시할 것.' 둘째, '조선인에게 반드시 일본어를 배우게 할 것이며 학교에서 教授用語는 일본어로 할 것.' 셋째, '조선인에 대한 교육제도는 일본인과는 별도로 하고 조선의 時勢 및 民度에 따른 점진주의에 의해 교육을 시행하는 것'이었다.

이와 같이 데라우치 마사타케의 <朝鮮教育令>에 의한 교육은, 일상생활에 '필수(必須)한 知識技能'을 몸에 익혀 실세에 적응할 보통교육을 강조하는 한편, 1911년 11월의 「일반인에 대한 유고(諭告)」에서는 '덕성의 함양'과 '일본어 보급'을 통하여 '신민양성의 필요성'을 역설하기도 했다.

<제1차 朝鮮教育令>과 <普通學校施行規則>에 의해, <普通學校教科課程>이 정해졌다. 보통학교 교육연한은 <제1차 朝鮮教育令>에서 알 수 있듯이 보통학교 3~4년제, 고등보통학교 4년제, 여자고등보통학교 3년제이다. 이는 일본인 학교 교육연한과 다른 교육정책(1912년 3월 府令 제44호, 45호에 의하여 일본인 초등학교 6년제, 중학교 5

9) 教育編纂會(1964), 앞의 책, pp.64~65

년제, 고등여학교 5년제)으로, 복선형 교육제도였다고 할 수 있다.

보통학교의 교과목 중에서 일본어가 차지하는 위치는 다음 <표 2>와 같다.10)

<표 2> 보통학교 교과과정 및 매주 시간수

教科目 / 學年	1	2	3	4	計
修身	1	1	1	1	4
國語(日本語)	10	10	10	10	40
朝鮮語 及 漢文	6	6	5	5	22
算術	6	6	6	6	24
理科			2	2	4
唱歌,體操	3	3	3	3	12
圖畵					
手工					
裁縫 及 手藝					
農業初步					
商業初步					
計	26	26	27	27	106

<표 2>를 보면「日本語」는「國語」로,「韓國語」는「朝鮮語」로 명칭이 바뀌었음을 알 수 있다.「國語(일본어)」는 읽기(讀方), 해석, 회화, 암송, 받아쓰기(書取), 작문, 습자를 그 내용으로 하며, 매주 수업시간수는 1학년부터 4학년까지 10시간씩 배정하여, 전 학년을 통틀어 총 수업시간의 약 38%를 차지하고 있다. 일본어가「朝鮮語 及 漢文」과목에 비해 2배 정도의 교육시간이 배정된 것을 감안하면 당시 교육정책이 일본어 교육에 보다 역점을 두고 있었다는 것을 알 수 있다.

10) 朝鮮教育會(1935),『朝鮮學事例規』, pp.409~410. 注 : 空欄은 元本대로

또 통감부시대의 보통학교 교과목으로 역사, 지리가 있었던데 비해 조선총독부의 <朝鮮教育令>에 의한 <보통학교 교과과정>에는 역사, 지리에 대한 내용을 『普通學校國語讀本』에 포함하여 일본어로 교육하였다.

3. 조선총독부의 보통학교 교육정책

조선총독부는 1911년 8월 <제1차 조선교육령>을 발포하고, 같은 해 10월 보통학교, 고등보통학교, 여자고등보통학교 규칙의 제정에 따라 교과서 편찬사업을 착수했다. 그러나 이는 1905년 2월부터 일본인 시데하라 다이라(幣原坦)가 學部의 고문인 학정참여관(學政參與官)으로 들어와 『日語讀本』 등의 발간에 이어 다른 교과의 교과서 편찬 착수의 연장이라 할 수 있다. 1906년 2월에 통감부가 설치되고 <보통학교령>이 발포됨에 따라 더욱 박차를 가하게 되는데, 시데하라 다이라는 교과서 편찬 지연 및 행정력의 무능으로 이토 히로부미(伊藤博文)에 의해 동년 6월 해임되고 미쓰치 주조(三土忠造)를 학정참여관으로 임명(囑託)하여 교과서 편찬을 단행했다.[11] 1908년에 미쓰치 주조는 각 교과목에 대한 통일된 교과서를 출판하여 당시 존재한 약 10여개의 공립보통학교에서 사용케 했다. 그리고 <사립학교령>을 발포하여 이전의 '불량한 교과서'를 점차 정부 편찬의 교과서로 사용하도록 하였고, 다른 교과서를 사용할 때는 <교과용도서검정규정>에 의하여 학부의 인가를 받도록 하였다.

11) 정재철(1985), 『日帝의 對韓國植民地教育政策史』, 일지사, pp.193~210

그 당시 통감부 학부에서 시행한 「教科書의 內容에 關흔 調查」를 보면 가장 중요한 심사기준은 '조선과 일본의 관계 및 친교를 저해하거나 비방하는 배일사상' 내용의 유무[12]에 있는 것으로 당시의 교과서정책은 <허가제>에서 <인가제>로, 다시 <검정제>로 하여 최종적으로 <국정교과서>로 규제해 가는 교육정책을 취한 것이다. 즉 <허가제>에서 <인가제>로, 다시 <검정제>로 최종적으로 <국정교과서>로 교육을 규제해 간 것이다.

또한 종래의 『일본어독본』을 『국어독본』이라 하고 반대로 『국어독본』은 『언문독본』이나 『조선어독본』으로 개칭[13]한 일제는 구학부가 편찬한 교과서뿐만 아니라 검정 및 인가한 교과서에 대해서도 시정하도록 지침을 하달하였다. 이는 주로 황실에 관한 사항, 국호, 연호 및 축제, 제도에 관한 것, 한국과 일본 간의 역사적 사실에 관한 것에 대한 수정지침으로, 일제는 1911년 2월 舊 學部 검정 및 인가 교과용 도서에 대한 「教授上의 注意 幷 字句訂正表」[14]를 제정, 반포하였다. 이 「教授上의 注意 幷 字句訂正表」에 나타난 일제의 교수정책은 다음과 같이 요약할 수 있다.

---

12) 학부(1909. 3), 『教科書의 內容에 關흔 調査』

13) 「朝鮮學童과 教科書」, 《毎日申報》, 1910. 11. 2, 2면

14) 舊學部検定並ニ認可ノ図書ハ其數甚多ク、今般韓國併合ノ結果教材並ニ字句ノ不適當トナルニ至リタルモノ少カラザレドモ、各種各冊ニ就キ教授上ノ注意並ニ字句ノ訂正ヲナスハ殆ト其煩ニ堪ヘザルノミナラズ、教授者ノ參考トシテ却テ不便ノ點多カルベシト思惟スルニ付、此種ノ圖書中ニ顯ハルル不適當ナル事項ヲ概括列擧シ、之ニ對シテ一般的注意ヲ與フルコト丶ナセリ、故ニ或特殊ノ教材ニ對シテハ的確ニ當篏マラザル場合往々之アルベシト雖モ、教授者ハ宜シク下ニ揚クル各事項ニ關スル注意ヲ熟讀シ、之ニ準據シテ教科書中ノ不適當ナル記事並ニ字句ヲ訂正教授シ、教育上遺算ナカランコトヲ要ス。**教授上ノ注意並ニ字句訂正表** 內務部學務局 : 「第二舊學部検定及認可教科用圖書ニ對スル教授上ノ注意」『植民地朝鮮教育政策史料集成』第18卷- 第四集 教科書編纂關係資料 -龍溪書舍(1990), pp.10~15(각주 20번까지 동일자료)

첫째, **황실에 관한 것**

조선인으로 하여금 대한제국의 황실 대신 일본 황실을 봉대(奉戴)하도록 하고 일본의 황국신민임을 인식시키는데 중점을 두게 했다. 그 상세한 지침은 다음과 같다.

① 한일합병의 결과로 조선인이 봉대할 황실은 대일본 천황폐하, 황후폐하 및 황족인 것.

② 역사 교과서 중에 前 한국 황제폐하에 대하여 '금상폐하'라는 경칭을 사용한 것이 있으나 금일 이후로는 대단히 부적절하므로 사용하지 말 것.

③ 역사 교과서 중에 현재 천황폐하에 관한 기사에 '일본 천황께서는' 등으로 기술하여 경칭을 사용하지 않은 것이 있는데, 이런 경우엔 반드시 '폐하'라는 경칭을 부가하여 '일본국 천황폐하께옵서는'과 같이 정정 교수할 것.

④ '本朝' 또는 '我朝' 등의 말을 사용한 여러 교과서가 있으나 이는 모두 '李朝'로 고칠 것.15)

둘째, **국호에 관한 것**

① 역사, 지리, 독본 등의 교과서에 '이조 태조가 業을 創하여 국호를 조선이라 정하고 광무 원년에 至하여 <大韓>'이라 개

---

15) **第一 皇室ニ關スル事**：學部檢定並ニ認可ノ圖書中、前韓國皇室ニ關スル記事ヲ揭グルモノアリ、斯ル教材ハ今日其儘之ヲ教授スベカラザルハ言ヲ俟タズ、教師ハ宜シク左記各項ノ趣旨ニ依リ訂正教授スベシ。一、日韓併合ノ結果、朝鮮人ノ奉戴スル皇室ハ大日本　天皇陛下、皇后陛下並ニ皇族ナルコト、二、歷史等ノ書中、前韓國皇帝陛下ニ對シ「今上陛下」ナル敬稱ヲ用ヒタルモノアレドモ、今日ニ於テハ全然不適當ナルニツキ使用スベカラザルコト。三、歷史等ノ書中、現在ノ天皇陛下ニ關スル記事ニ「日本國天皇陛下께서는」ナド記シテ敬稱ヲ用ヒザルモノアリ、斯ル場合ニハ必ズ「陛下」ナル敬稱ヲ附加シ、「日本國天皇陛下께옵서는」ノ如ク訂正教授スベキコト。四、「本朝」又ハ「我朝」等ノ語ヲ用フル所諸書ニ之アルモ總テ「李朝」ト改ムベキコト。

칭한 일을 기술한 것이 많으나, 이를 교수할 경우에는 국호는 1910년 8월 29일 <칙령 제318호>로써 폐지되고 '朝鮮'이라 칭하기로 정한 것을 알게 할 것.

② 종래의 교과서 중에는 대한제국, 한국, 또는 我國, 我韓, 本國 등의 명칭을 사용한 것이 많은데, 조선은 이미 대일본제국의 일부가 됨으로써 이러한 명칭을 개정 교수함이 긴요함.[16)]

셋째, **연호에 관한 것**

역사 교과서에 전 한국 황제의 즉위와 함께 융희(隆熙)라 改元한 일을 기술한 것이 있는데, 이와 같은 것을 교수할 경우에는 구한국의 연호 隆熙는 1910년 8월 29일로 폐지되고 앞으로는 메이지(明治)의 연호를 사용함이 당연한 것을 알게 할 것.[17)]

넷째, **축제일에 관한 것**

① 독본 등의 교과서 가운데 개국기원절 또는 건원절에 관한 교재를 게재한 것이 있는데 구한국 경축일은 이미 폐지되었은즉 지금부터는 이러한 교재는 교수치 말고 대일본제국 국민으로서 당연히 제국의 축제일을 준수할 것을 가르치며, 또한 본서의 부록으로는 <축제일 약해>를 달아 축제일에 관한 일

---

16) **第二 國號ニ關スル事**：一、歴史、地理、讀本等ノ書ニ於テ李朝太祖業ヲ創メ國號ヲ朝鮮ト定メ、降テ前太皇帝ノ光武元年ニ至リ改メテ大韓ト稱セシコトヲ記スルモノ多キモ、斯ル事項ヲ教授スル場合ニ於テハ該國號ハ明治四十三年八月二十九日勅令第三百十八號ヲ以テ廢止セラレ朝鮮ト稱スルコトニ定メラレタルヲ知ラシムベシ。二、從來ノ教科書中ニハ「大韓帝國」、「韓國」、「我國」、又ハ「本國」、「我韓」等ノ名稱ヲ用フルコト頻ル多キモ、朝鮮ハ既ニ大日本帝國ノ一部ナルヲ以テ此等ノ名稱ヲ適當ニ訂正教授スルコト緊要ナリ、然レドモ此種ノ例ハ殆ト枚擧ニ邊アラザルヲ以テ左ニ數例ヲ掲ケテ訂正ノ標準ヲ示スニツキ、教師ハ此等ヲ參考シテ適宜ノ措置ヲナスヲ要ス。（擧例中訂正ノ字句ハ括弧ニ入ル）

17) **第三 年號ニ關スル事**：歴史等ノ書ニ於テ前韓國皇帝ノ卽位ト共ニ隆熙ト改元セラレタル事ヲ記スルモノアリ、斯ル事項ヲ教授スル場合ニハ、舊韓國ノ年號隆熙ハ隆熙四年八月二十九日限廢止セラレ、同日ヨリ以後ハ明治ノ年號ヲ用フベキコトヲ知ラシムベシ。

반 주의와 각 축제일의 요령을 교수할 것.

② 독본 중에 구한국 국기에 관한 교재를 게재한 것이 있으나 이 역시 교수치 말고 지금부터는 마땅히 일장기가 국기임을 알게 할 것과 축제일에는 일장기를 세워 성의를 표하도록 가르칠 것.[18]

다섯째, **제도에 관한 것**

구한국의 중앙 정부조직 및 지방행정 제도를 게재한 도서가 적지 않은데, 이 교재는 이제 교수 불가함. 교사는 마땅히 1910(明治43)년 9월 30일 <칙령 제354호> 조선총독부관제, <칙령 제357호> 조선총독부 지방관 관제 등에 기초하여 현재의 정치기관 일반을 교수함이 타당하며, 그 대요는 「학부편찬 보통학교용 교과서에 관한 주의」 중에서, 『국어독본』 권5 제9과 「정치 기관」에 대하여 부여한 주의 각 항을 참조할 것을 요함.[19]

여섯째, **과거 日本과 朝鮮 간에 발생한 歷史上 사실에 관한 것**

역사 지리 등의 교과서 중에 '왜구'라 칭하던 일본의 조선 침략, 몽고 및 고려의 일본 원정, 임진란의 기사 등을 다소 기재한

---

18) 第四 祝祭日**ニ關スル事**： 一、讀本等ノ中ニ開國紀元節又ハ乾元節ニ關スル教材ヲ掲載スルモノアリ、然レドモ舊韓國慶祝日ハ既ニ廢止セラレタルモノナレバ、自今此等ノ教材ハ教授スルコトナク、大日本帝國國民トシテ當然帝國ノ祝祭日ヲ尊守スベキコトヲ教ヘ、日本書ノ附錄トセル祝祭日略解ニ依リ祝祭日ニ關スル一般ノ心得ト各祝祭日ノ要領トヲ授クベシ。二、讀本中ニ舊韓國國旗ニ關スル教材ヲ掲クルモノアリト雖モ、之レ亦教授スルコトナク、自今宜シク日章旗ヲ以テ國旗ト心得ベキコト、並ニ祝祭日等ニ日章旗ヲ立テ、誠意ヲ表スベキコトヲ教フベシ。

19) 第五 制度**ニ關スル事**： 舊韓國ノ中央政府組織並ニ地方行政制度ヲ掲載スル圖書少カラザルモ、斯ル教材ノ今日ニ於テ教授スベカラザルハ言ヲ俟タズ、教師ハ宜ク明治四十三年九月三十日勅令第三百五十四號朝鮮總督府官制、勅令第三百五十七號朝鮮總督府地方官官制等ニ基キ簡明ニ現時ノ政治機關一斑ヲ教授スベシ、其大要ハ學部編纂普通學校用教科書ニ關スル注意中國語讀本巻五第九課「政治ノ機關」ニ就キ與ヘタル注意各項(第七頁)ヲ參照スルヲ要ス。

것이 있는데, 이러한 교재를 가르칠 경우 교수자는 신중하게 주의하라고 지시하고, 결코 과장된 언사를 사용하는 사항을 가르치는 일이 없어야 함은 물론, 피교육자의 사정, 학년 등에 따라 역사 또는 지리 수업에서 어쩔 수 없이 필요한 사항에 한하고, 오로지 일본인과 조선인 간의 감정을 해치는 사항의 수업은 피하고, 기타 예와 같이 임진란의 義士를 들어 義勇을 교육하는데, 이것도 다른 예화로 대신할 것이며, 또 가끔 지리서에 있는 임진란 등의 유적 등에 대하여도 당시의 교통산업 등에 관한 사항을 설명하는데 힘쓰는 등, 교수상의 주의에 끊임없이 진력할 것.[20]

일곱째, 축제일을 준수하도록 가르칠 것

대일본제국 국민된 자는 제국의 축제일을 준수하여 국민된 성의를 표함은 당연한 도리이며 청년학도의 교육상에 있어서, 그리고 일반대중을 상대로 풍속교화에 중요한 관련을 갖는 것인즉, 교직에 종사하는 자는 일본제국 축제일의 의의를 알게 하여 교육상 소홀함이 없게 해야 할 것이라 하였다.[21]

---

20) **第六 舊時日本朝鮮間起歷史上事實ニ關スル事**：歷史地理等ノ書中ニ昔時倭寇ト稱セシ日本邊民ノ朝鮮侵略、蒙古及高麗ノ日本入寇並ニ壬辰亂(文錄慶長ノ役)記事等ヲ多少記載スルモノアリ、此等ノ教材ヲ教授スル場合ニ於テ教授者ハ最モ愼重ノ注意ヲ以テシ、決シテ誇張ノ言辭ヲ用ヒ杜選ノ事項ヲ教フル等ノコト有ルベカラザルハ勿論、被教育者ノ種類學年等ニ應シ、歷史又ハ地理ノ教授トシテ必要止ムヲ得ザル範圍ニ止メ、徒ラニ內地人朝鮮人間ノ感情ヲ害スルニ過ギサルガ如キ事項ハ之ヲ教授スルヲ避クベシ、其他、例ヘハ壬辰亂ノ義士ヲ假リテ義勇ヲ說クノ類ハ他例ヲ以テ之ニ代ヘ、又往々地理書中ニ擧ケラレタル壬辰亂等ノ遺跡ノ如キモノニ就キテハ、寧ロ其地點ノ現在ニ於ケル交通產業等ニ關スル事項ヲ說敍スルニ力ヲ用フル等、常ニ適當ナル教授上ノ注意ヲ怠ルベカラズ。

21) 大日本帝國國民된者ᄂᆞᆫ均히帝國의祝祭日을遵守ᄒᆞ야, 國民된誠意를表홈은當然ᄒᆞᆫ義이며, 且青年學徒의教育上은勿論이어니와一般風教上至重ᄒᆞᆫ關係를有ᄒᆞᆫ者인즉, 苟히教職上에從事ᄒᆞᄂᆞᆫ者ᄂᆞᆫ帝國祝祭日의意義를悉知ᄒᆞ야教育上疏漏홈이無케홀지니라. 축제일로는 四方拜(1월 1일), 元始祭(1월 3일), 孝明天皇祭(1월 30일), 紀元節(2월 1일), 神武天皇祭(4월 3일), 天長節(11월 3일), 神嘗祭(10월 17일), 新嘗

이러한 지침을 볼 때 『普通學校國語讀本』을 비롯한 모든 교과 내용에 많은 부분을 할애하여 특히 강조된 점은 일본 國體의 인식과 天皇家에 대한 충성심을 불어넣어, 조선 아동을 황국신민으로 길러내는 데 보다 역점을 두었음을 짐작할 수 있다.

4. 第一期『普通學校國語讀本』의 표기 및 배열

조선총독부 편찬 第一期『普通學校國語讀本』은 조선 아동을 대상으로 조선총독부에 의해 편찬된 초등교육과정 일본어 입문교과서이다. 1912년부터 1915년에 걸쳐서 출판된, 흑회색의 양장본으로 된 8권의 출판사항은 <표 3>과 같다.

<표 3> 第一期『普通學校國語讀本』의 출판 사항

朝鮮總督府 第Ⅰ期 『普通學校國語讀本』 1912~1915년							
卷數	출판년도	사이즈		課	頁	정가	학년 학기
		縱	橫				
卷一	1912	22	15	47	80	6錢	1학년 1학기
卷二	1913	22	15	31	91	6錢	1학년 2학기
卷三	1913	22	15	30	110	6錢	2학년 1학기
卷四	1913	22	15	28	110	6錢	2학년 2학기
卷五	1914	22	15	28	126	6錢	3학년 1학기
卷六	1914	22	15	29	126	6錢	3학년 2학기
卷七	1915	22	15	29	108	6錢	4학년 1학기
卷八	1915	22	16	31	118	6錢	4학년 2학기
				253	879		

祭(11월 23일), 春季皇靈祭(春分日), 秋季皇靈祭(秋分日)가 있다. 「敎授上의 注意 幷 字句訂正表」, 附錄「祝祭日 略解」, 《每日申報》, 1911. 3. 2. 3면

第一期『普通學校國語讀本』은 각 학년에 2권씩 4학년까지 8권으로 되어 있으며, 전 학년에 걸쳐 상당히 많은 분량을 학습하게 되어 있다. 교과서는 통감부 시절 초기에는 공립학교 아동에 한하여 무상으로 지급되었으나, 1909년 5월 이후는 무상지급에서 대여(貸與)로 바뀌었으며, 1911년에 제정된 <普通學校施行規則>에 의해 1913년부터는 신규편찬(新規編纂)의 교과서에 대해서는 자비구입 하도록 했다.(학부편찬 교과서는 10~12錢에 비해, 第一期『普通學校國語讀本』은 약 절반 정도인 각 6錢의 저가로 보급했다.)

第一期『普通學校國語讀本』의 특징은, 띄어쓰기가 없는 일본어 표기에서 저학년(1, 2학년)용에 <띄어쓰기>가 채용된 점이다. <띄어쓰기>를 한 이유는, 모어(母語)를 달리하는 조선 아동이 처음 일본어로 된 교과서를 접하는데 있어서 쉽게 접근할 수 있게 하기 위함이었을 것이다.

또한 第一期『普通學校國語讀本』은 식민지 초기 교과서로서, 대만(臺灣)에서 일본어교육의 경험을 참고하여 가나표기법(仮名遣)은 표음적(表音的)이고, 교수방법은 직접법(直接法) 방침으로 편찬되었기 때문에, 학년이 올라갈수록 학습한자수(學習漢字數)가 많아지는 경향을 볼 수 있다. 이는 통감부시대 學部 편찬『普通學校學徒用日語讀本』(1907~1908)과, 합병 직후 1911년 이를 정정해서 쓴 조선총독부 편찬『訂正普通學校學徒用國語讀本』각 권의 初出漢字와 비교해 보아도, 앞의 두 텍스트가 한자 사용에 있어서 단계를 쫓지 않은데 비해, 조선총독부의 第一期『普通學校國語讀本』은 조선아동의 학습단계를 고려하여, 5~6권(3학년 1, 2학기용)이, 7~8권(4학년 1, 2학기용)에 비해서 초출한자가 많다. 그것은 앞에 서술한 바와 같이 수업연한 3년제 학교를 고려하여, 주요교재를 완결한다는 교과서 편찬 방침에 따른 것으로 생각된다.

특히 第一期『普通學校國語讀本』에 일본의 國定一期『尋常小學國語讀本』보다 한자가 3배 이상이나 학습된 요인은, 취학 전 교육 또는 보습교육으로 서당교육을 거쳐 초등학교에 입학하는 사람의 비율이 높았기 때문이다. 또 이 시기의 역사, 지리교과서가 없었기 때문에 일본어 교과서로 학습함에 따라서, 역사, 신화, 설화의 인물, 천황과 인명, 지명과 같은 고유명사 등을 많이 포함하고 있음을 알 수 있다.

5. 보통학교 교과서와 교육상의 지침

1914년 일제가 제시한 보통학교 교과서 편찬 일반방침은 앞서 제정, 선포되었던「教授上의 注意 并 字句訂正表」의 지침을 반영함과 동시에 기본적으로 <조선교육령>과 <보통학교규칙>에 준거를 둔 것이었다. 이에 따라 교과서 기술에 있어서도「朝鮮語 及 漢文」을 제외하고는 모두 일본어(國語)로(일본어가 보급되기까지 사립학교 생도용을 위해 수신서, 농업서 등 特種에 한하여 별도로 朝鮮譯文을 作한다) 기술하여 언어를 일본어로 통합하였고, 1911년 8월에 조선총독부가 편찬한『국어교수법』이나, 1917년에 주로 논의되었던 교육상의 교수지침에서도 '풍속교화를 통한 충량한 제국신민의 자질과 품성을 갖추게 하는 것임'을 명시하여 초등교육을 통하여 충량한 신민으로 교화시켜나가려 하였다.

1906년부터 조선어, 수신, 한문, 일본어 과목의 주당 수업시수를 비교해 놓은 <표 4>에서 알 수 있듯이, 수업시수는 1917년 일본어 10시간, 조선어(한문) 5~6시간이었던 것이, 1938~1941년에는 수신 2시간, 일본어 9~12시간인 것에 비해 조선어는 2~4시간에 불과하며 선택과목이었다. 그러다가 1941~1945년에는 조선어는 누락되고 수신(국민도덕 포함) 및 일본어가 9~12시간으로 되어 있다. 이는 일본이 창씨개명과 태평양전쟁으로 징병제도가 실시되면서 민족말살정책이 점차 심화되어 가는 과정으로 이해될 수 있다.

초등학교에는 合科的 성격의 「國民科」, 「理數科」, 「體鍊科」, 「藝能科」, 「實業科」라는 5개의 교과가 있었는데, 그 중의 「國民科」는 修身, 國語, 國史, 地理의 4과목으로 이루어져 있다. 國語, 國史, 地理의 合本的 텍스트로, 「國民科」의 4분의 3을 입력한 교과서 『普通學校國語讀本』의 내용 역시 「修身」 교과서와 같이 품성의 도야, 국민성 함양을 목표로 하고 있다. 또한 「朝鮮語 및 漢文」 교재도 「普通學校國語讀本」과 마찬가지로 일본천황의 신민에 합당한 국민성을 함양케 하는데 치중하고 도덕을 가르치며 상식을 알게 할 것에 교수목표를 두고 있다. 각 시기에 따른 학년별, 과목별 주당수업시수는 아래 <표 4>와 같다.

<표 4> 조선에서의 수신 · 조선어 · 한문 · 일본어의 주당 수업시수

학년	통감부(1907)				제1기(1911)			제2기(1922)			제3기(1929)			제4기(1938)			제5기(1941)
	수신	조선어	한문	일어	수신	국어	조선어및한문	수신	국어	조선어	수신	국어	조선어	수신	국어	조선어	국민과 수신, 국어
1	1	6	4	6	1	10	6	1	10	4	1	10	5	2	10	4	11
2	1	6	4	6	1	10	6	1	12	4	1	12	5	2	12	3	12
3	1	6	4	6	1	10	5	1	12	3	1	12	3	2	12	3	2, 9
4	1	6	4	6	1	10	5	1	12	3	1	12	3	2	12	2	2, 8
5								1	9	3	1	9	2	2	9	2	2, 7
6								1	9	3	1	9	2	2	9	2	2, 7
합계	4	24	16	24	4	40	22	6	64	20	6	64	20	12	64	16	62

*제1기(보통학교시행규칙, 1911. 10. 20), 제2기(보통학교시행규정, 1922. 2. 15), 제3기(보통학교시행규정, 1929. 6. 20), 제4기(소학교시행규정, 1938. 3. 15), 제5기(국민학교시행규정, 1941. 3. 31)

끝으로, 朝鮮統監府 및 朝鮮總督府의 관리하에 편찬 발행하여, 조선인에게 교육했던 일본어 교과서를, '統監府期'와 '日帝强占期'로 대별하고, 다시 日帝强占期를 '1期에서 5期'로 분류하여, '敎科書名, 編纂年度, 卷數, 初等學校名, 編纂處' 등을 <표 5>로 정리하였다.

<표 5> 朝鮮統監府, 日帝强占期 朝鮮에서 사용한 日本語敎科書

		日本語敎科書 名稱			編纂年度 및 卷數	初等學校名	編纂處
統監府期		普通學校學徒用 日語讀本			1907~1908 全8卷	普通學校	大韓帝國 學部
日帝强占期	訂正 普通學校學徒用國語讀本				1911. 3. 15 全8卷	普通學校	朝鮮總督府
	一期	**普通學校國語讀本**			**1912~1915 全8卷**	**普通學校**	**朝鮮總督府**
	二期	普通學校國語讀本			1923~1924 全12卷	普通學校	(1~8)朝鮮總督府 (9~12)日本文部省
	三期	普通學校國語讀本			1930~1935 全12卷	普通學校	朝鮮總督府
	四期	初等國語讀本			1939~1941 全12卷	小學校	(1~6)朝鮮總督府 (7~12)日本文部省
	五期	ヨミカタ	1~2학년	4권	1942 1~4卷	國民學校	朝鮮總督府
		初等國語	3~6학년	8권	1942~1944 5~12卷		

第一期 『普通學校國語讀本』은, 당시의 편수과장 오다 쇼고(小田省吾)와 편수관 다치가라 노리토시(立柄敎俊), 장학관(視學官) 이시다 신타로(石田新太郎)에 의해 편찬되었다. 이 第一期 『普通學校國語讀本』은 정치적 목적에 의하여 조선 아동을 대상으로 편찬된 초등교과서로, 일본정부가 바라던 바, 즉 교과서를 통하여 조선인을 천황의 신민답게 육성하려는 교육목표에 의한 초등학교용 교과서라 할 수 있을 것이다.

전남대학교 일어일문학과 김순전

≪朝鮮總督府編纂 第Ⅰ期 普通學校國語讀本 編著 凡例≫

1. 권1은 1학년 1학기, 권2는 1학년 2학기, …… 권8은 4학년 2학기로 한다.

2. 원본의 세로쓰기를 편의상 좌로 90도 회전하여 가로쓰기로 한다.

3. 신출단어 및 자형비교의 상란과 좌란은 각각 좌란과 하란으로 한다.

4. 방점(傍點)은 <짙은색>으로 표기한다.

5. 반복첨자 기호는 가로쓰기이므로 반복 표기하고 밑줄로 표시한다.

6. 본서 목차 (　)안과 본문내용 하단의 숫자는 원본 쪽수를 표기한 것임. 예를 들면 행 끝의 (1-5)는 '普通學校國語讀本 原文書 卷一'의 5쪽을 의미함.

7. 한자의 독음은 (　)안에 가나로 표기한다.

8. 대화문과 지문 스타일은 각 기수마다 다르므로 각 기수의 원문대로 표기한다.

9. 편지, 수필 등은 인용문으로 처리한다.

朝鮮總督府編纂

普通學校國語讀本 卷一

第1學年 1學期

朝鮮總督府編纂

普通學校國語讀本

卷一

【緒 言】

一、本書ハ普通學校第一學年前半期ノ國語科教科書ニ充ツルモノナリ。

二、本書ノ各課ハ、其ノ練習ト共ニ、生徒ノ能力ヲ計リ、二三時間若シクハ四五時間ヲ以テ、教授スベキモノナリ。

三、本書ハ主トシテ範語ヲ學校用語ニ取リ、又日用ノ諸器物、普通ノ動植物、興味アル事柄等ニ就キテ記述セリ。

四、言語ハ先ヅ口頭ニテ授ケ、生徒ガ之ヲ聽キ取リ、且ツ言ヒ得ルニ至リテ後、文字ニ就キテ授クルヲ可トス。

五、言語ノ意義ヲ理會セシムルニハ、實物・動作・繪畫等ニ依リテ直觀的ニ教授シ、 (1)
便宜、國語ヲ以テ設明ヲ加ヘ、必要ノ場合ニ限リ、朝鮮語ニテ對譯又ハ解釋スルモ妨ナシ。

六、挿畫ハ特ニ之ヲ多クシ、直觀的教授ノ材料トナセリ。而シテ、便宜、生徒ヲシテ臨寫セシムベキ樣、略畫トナセルモノ少ナカラズ。

七、新出語ハ總ベテ之ヲ上欄ニ掲ゲ、且ツ新出文字ニハ●點ヲ附シ、讀替文字ニハ一線ヲ附セリ。
用語ハ語尾ノ變化セルモノヲモ、必要ニ應ジテ、新語トシテ掲ゲタリ。

八、練習問題・發音練習・字形比較等ハ、必要ニ應ジテ、之ヲ補フベシ。

九、教師ハ單ニ本書所載ノ言語ヲ授クルヲ以テ足レリトセズ、機ニ臨ンデ之ヲ補ヒ、生徒ノ語彙ヲ富マサンコトヲ務ムベシ。　(2)
而シテ既ニ授ケタル言語ハ、爾後、絶エズ之ヲ使用セシメ、特ニ教室用語ノ如キハ、出來得ル限リ、國語ヲ以テセシムベシ。

十、卷末ノ附錄ハ、生徒ヲシテ、豫習・復習ノ際、之ヲ利用セシムベシ。

大正元年十一月　　　　朝 鮮 總 督 府　(3)

目 次 [目次名 無]

普通學校國語讀本 卷一

一

テ	テ。 
アシ	アシ。  (1-1)

二

メ	メ。 
ハナ	ハナ。  (1-2)

三

ミミ	ミミ。 
クチ	クチ。 
	シ、ミ。　ナ、チ。(字形比較)　(1-3)

練習

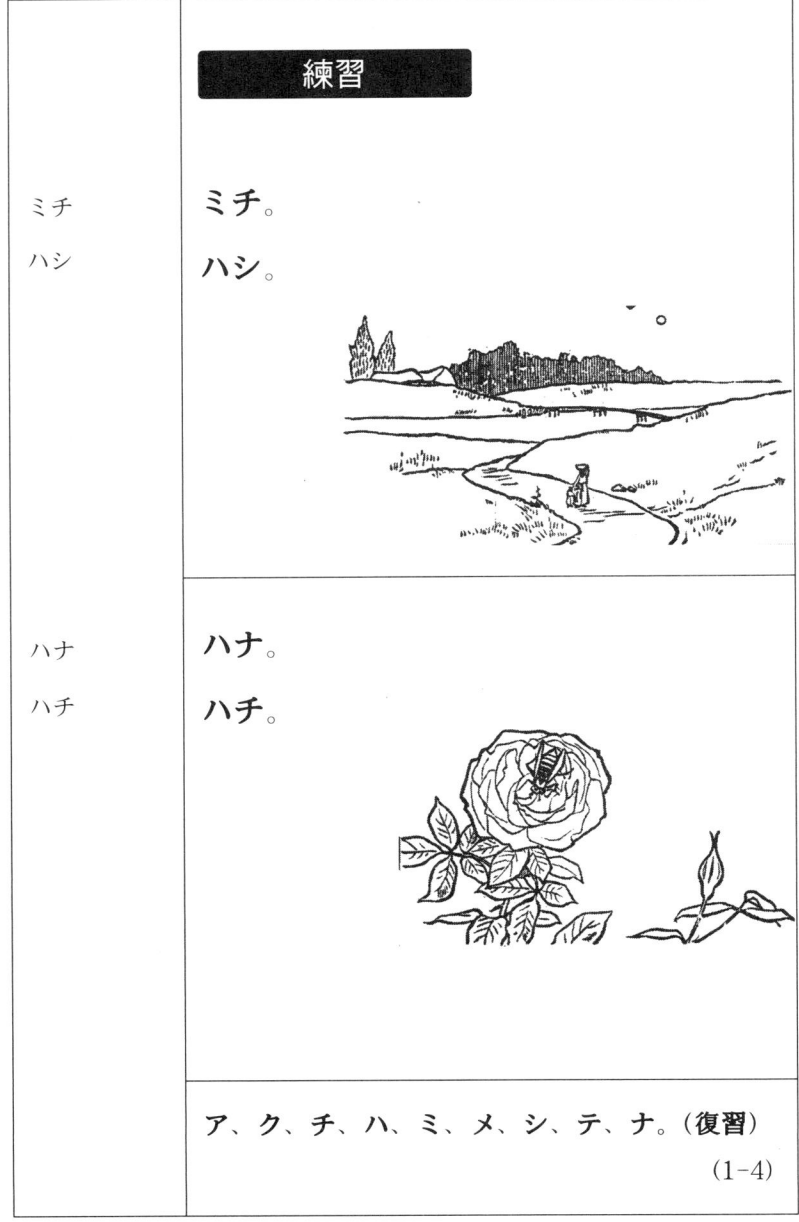

ミチ ハシ	ミチ。 ハシ。 
ハナ ハチ	ハナ。 ハチ。 
	ア、ク、チ、ハ、ミ、メ、シ、テ、ナ。（復習） (1-4)

四

カミ フデ スミ スズリ ト	カミ。　フデ。 スミ。　スズリ。 カミ　ト　フデ。 スミ　ト　スズリ。 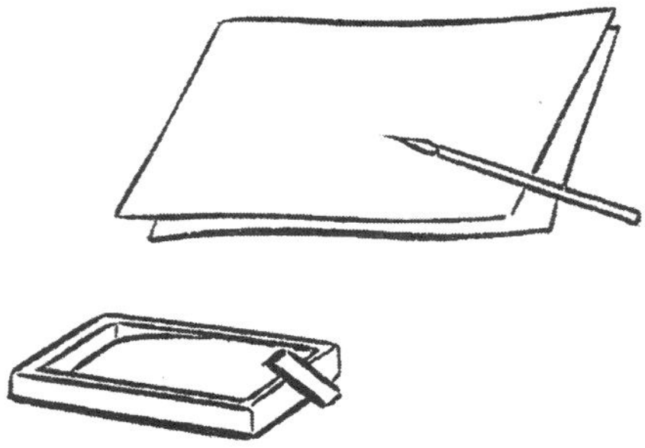
	フ、ス。　ク、リ。(**字形比較**) ス、ズ。　テ、デ。(**發音練習**)　(1-5)

ナシ ナス	**練習** **ナシ　ト　ナス。** 
カメ フナ	**カメ　ト　フナ。** 
	テ ト アシ。　メ ト ミミ。　ハナ ト クチ。 (1-6)

五

ガ
アリマス
ホン

フデ　ガ　アリマス。

ホン　ガ　アリマス。

フデ　ト

　ホン　ガ

　　アリマス。

ア、マ。　ン、シ。(字形比較)

カ、ガ。(發音練習)　(1-7)

練習

カメ
カマ

カメ。

カマ。

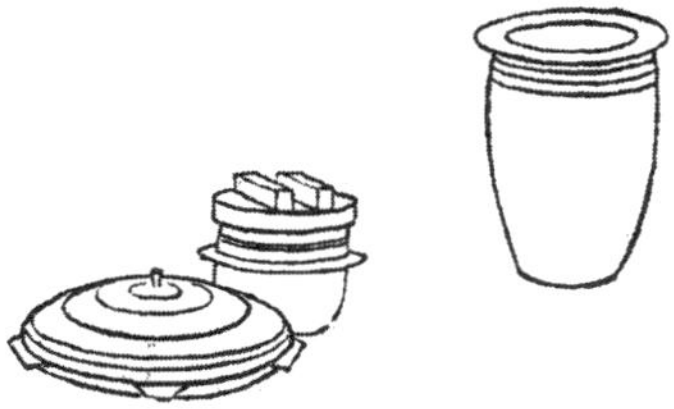

マメ
マス

マメ　ガ
　アリマス。
マス　ガ
　アリマス。

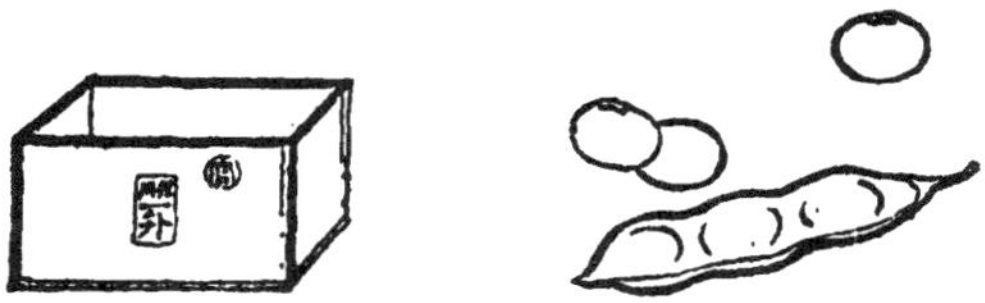

カ、フ、デ、ガ、ト、リ、ス、ズ、マ、ホ、ン。（復習）　(1-8)

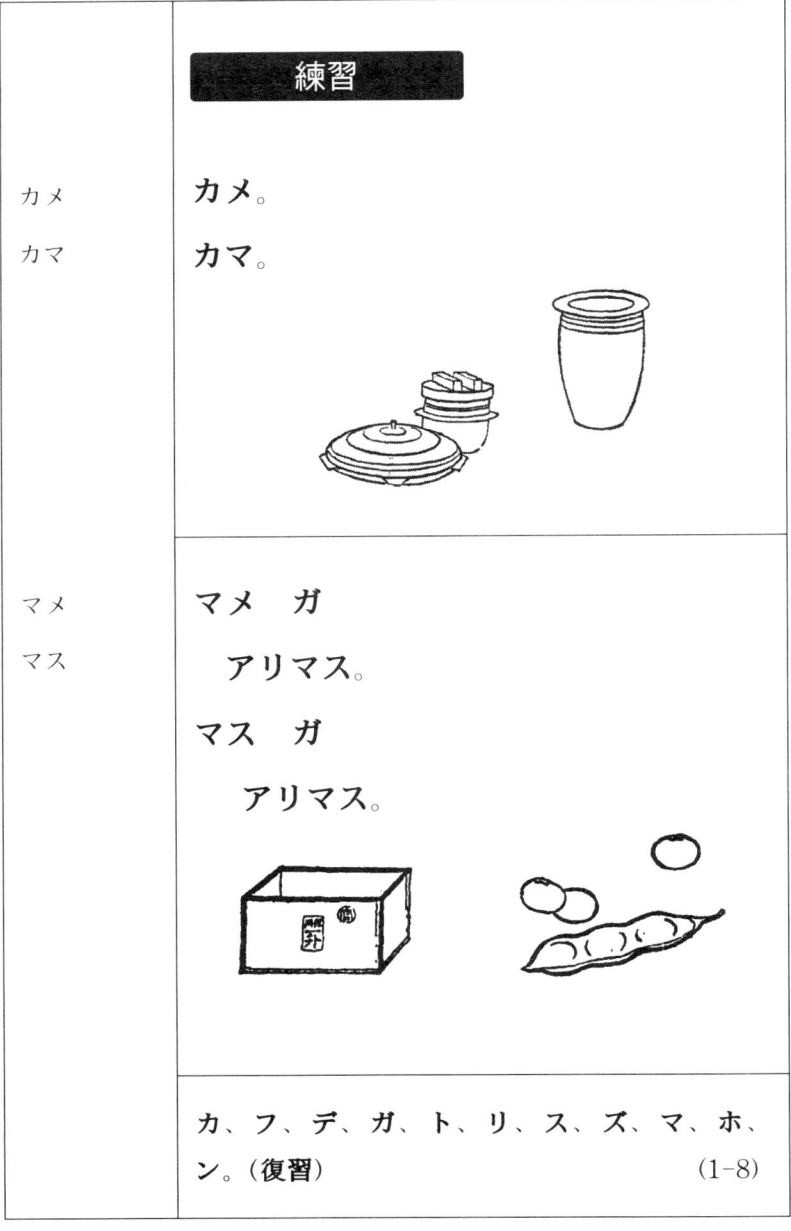

六

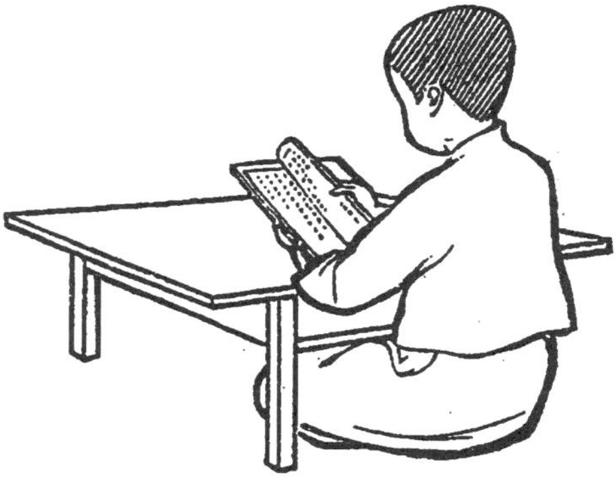

ヲ アケマス ヨミマス トジマス	ホン　ヲ 　アケマス。 ホン　ヲ 　ヨミマス。 ホン　ヲ　トジマス。
	チ、ケ。（字形比較） シ、ジ。（發音練習）　(1-9)

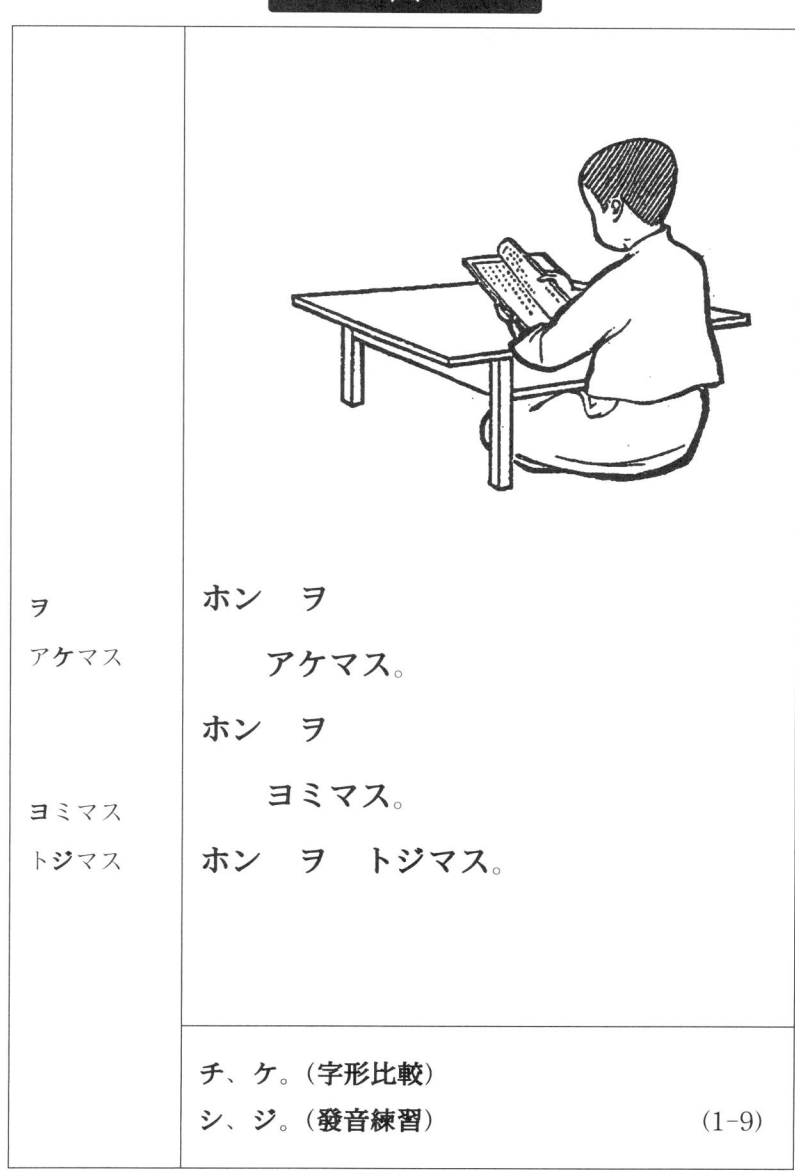

	練習
ト	**ト ガ** **アリマス。**
	ト ヲ **アケマス。**
シメマス	**ト ヲ** **シメマス。**

(1-10)

七

センセイ セイト イマス レイ シテイマス	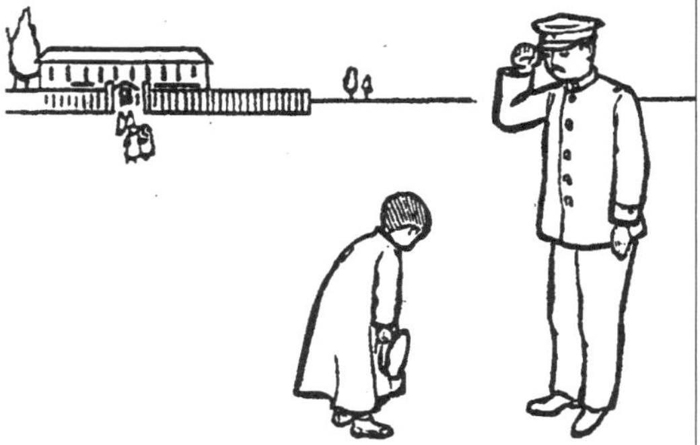 センセイ ト セイト ガ イマス。 セイト ガ レイ ヲ シテ イマス。
	イ、リ。(發音練習) (1-11)

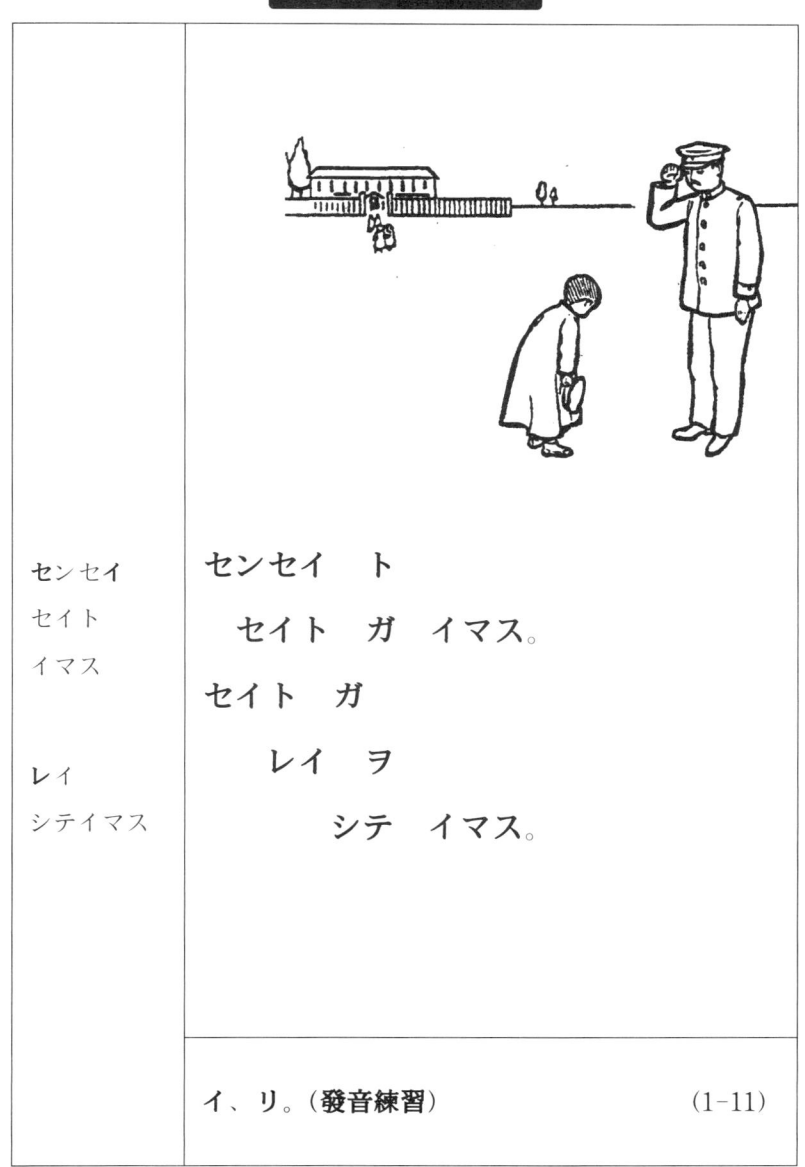

	練習
シカ セミ	シカ　ガ　イマス。 セミ　ガ　イマス。 
ミズ イレテイマス	ミズ　ヲ イレテ イマス。  (1-12)

八

タチナサイ	タチ　ナサイ。
タチマシタ	タチマシタ。
コシ	コシ　ヲ
	カケ　ナサイ。
カケナサイ	コシ　ヲ　カケマシタ。
	ク、タ。　コ、ヨ。　ナ、サ。(字形比較)
	(1-13)

九

テ　ヲ　アゲ　ナサイ。

アゲナサイ

テ　ヲ　アゲマシタ。

テ　ヲ

オロシ　ナサイ。

オロシナサイ

テ　ヲ　オロシマシタ。

コ、ロ。(字形比較)

ケ、ゲ。(發音練習)　(1-14)

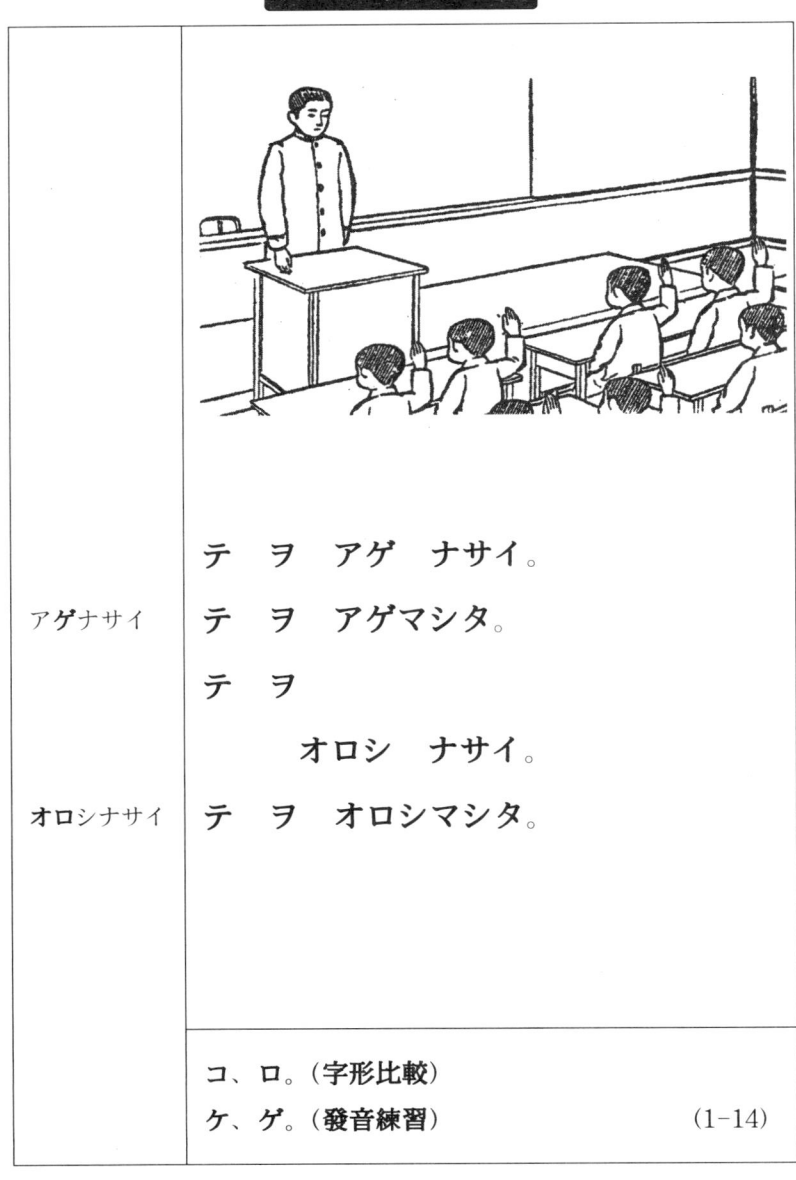

練習

スリナサイ
シマイナサイ

ホン ヲ アケ ナサイ。

ホン ヲ ヨミ ナサイ。

ミズ ヲ イレ ナサイ。

スミ ヲ スリ ナサイ。

スズリ ヲ シマイ ナサイ。

ヲ、ケ、ヨ、ジ、セ、イ、レ、タ、サ、コ、ゲ、オ、ロ。(復習) (1-15)

十

アナタ コレ ワカリマス カ ハイ イイエ ワカリマセン	**アナタ、　コレ　ガ　ワカリマス　カ。** **ハイ、　ワカリマス。** **アナタ、　コレ　ガ　ワカリマス　カ。** **イイエ、　ワカリマセン。** (1-16)
	練習
ヨメマス	**アナタ、　コレ　ガ　ヨメマス　カ。** **ハイ、　ヨメマス。** **アナタ、　コレ　ガ　ヨメマス　カ。** **イイエ、　ヨメマセン。** (1-17)

十一

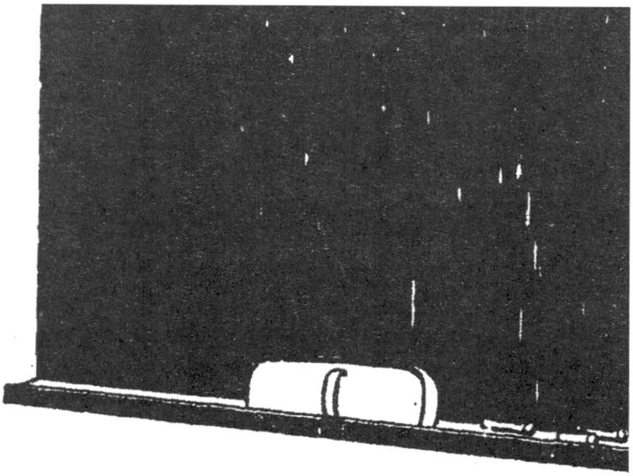

コクバン ニ ジ カキマス ハクボク デ コクバンフキ フキマス	コクバン　ニ ジ　ヲ　カキマス。 ハクボク　デ カキマス。 コクバンフキ　デ　フキマス。
	イ、ニ、リ。(發音練習)　(1-18)

アタマ
カオ
スズメ
ハト

練習

アタマ。

カオ。

スズメ。

ハト。

カニ
カイ
コイ
カキ
クリ

カニ。

カイ。

コイ。

カキ。

クリ。

(1-19)

十二

オトコノコ
オンナノコ
ミンナ
ソト
アソンデ
イマス
ヨイ
テンキ
デス

オトコノコ。

オンナノコ。

ミンナ　ソト　ニ　アソンデ　イマス。

ヨイ　テンキ　デス。

ノ、メ。(字形比較)　(1-20)

練習

ハリ
イト
フロシキ

ハサミ
カガミ

カミソリ

ハリ。

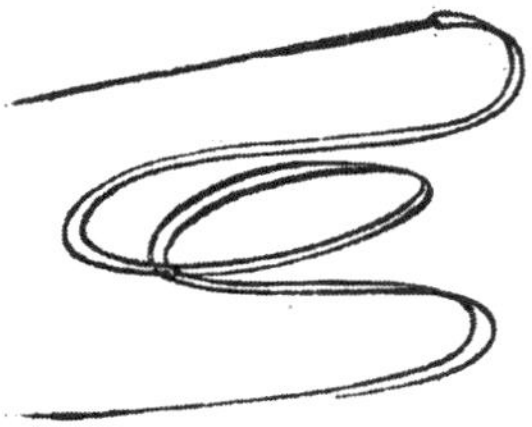

イト。

フロシキ。

ハサミ。

カガミ。

カミソリ。(1-21)

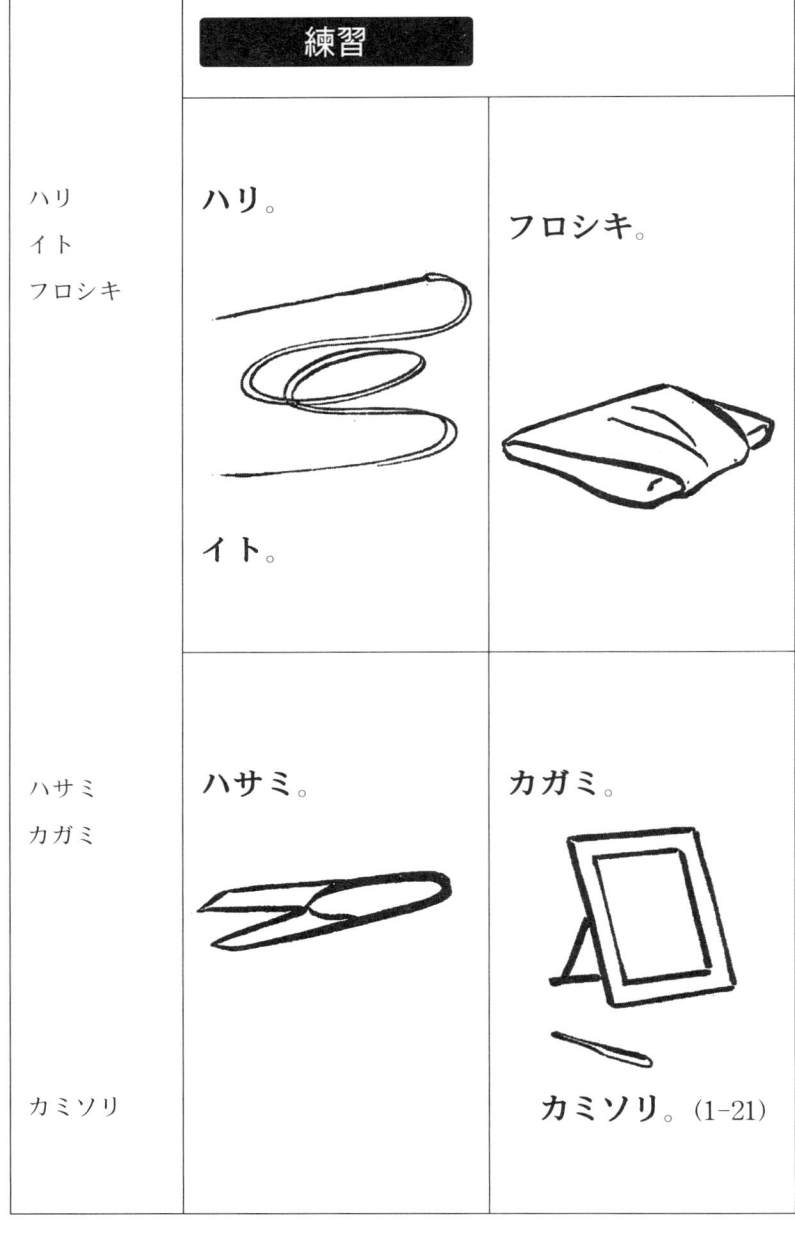

十三

イス。　コシカケ。

ツクエ。　カケズ。

カケズ　ニ、

ユリ　ノ　ハナ　ガ、

カイテ　アリマス。

イス
コシカケ
ツクエ
カケズ
ユリ
ノ
カイテアリマス

ソ、ツ。ユ、エ。（字形比較）

ツ、ス。チ、ツ。（發音練習）　(1-22)

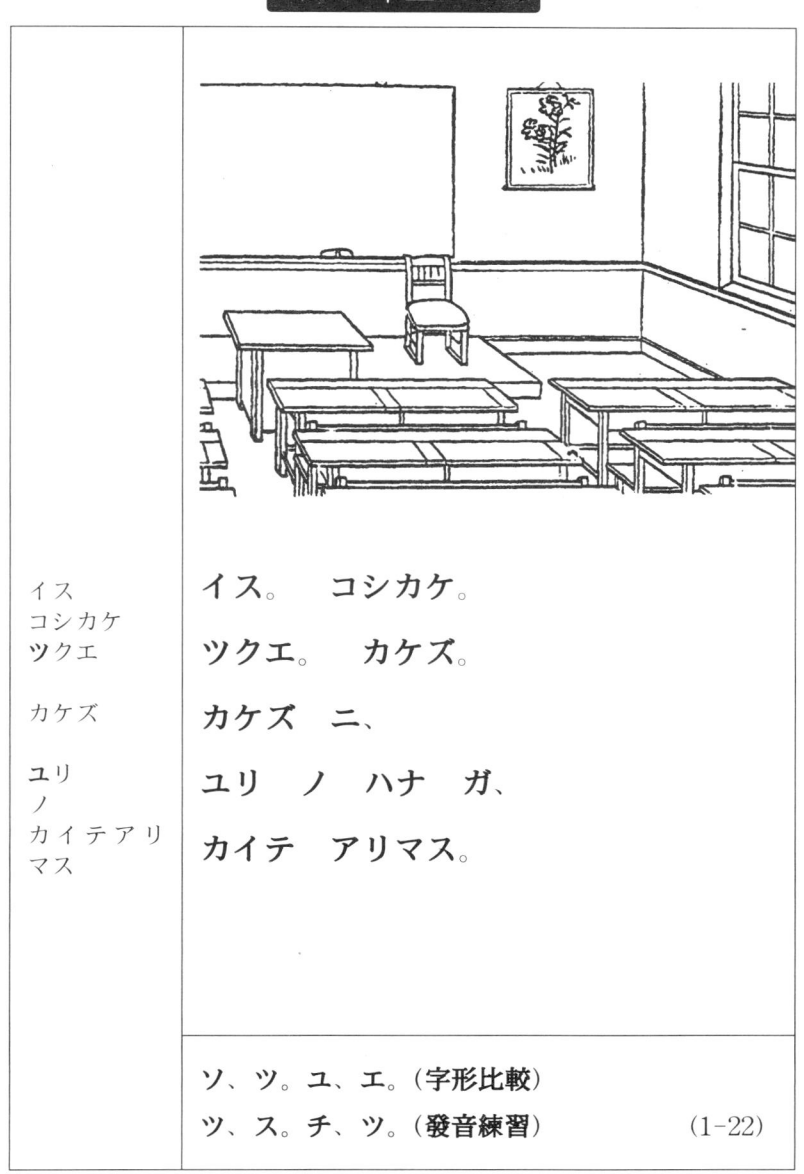

	練習
イエ ニワ クサ キ	**イエ。** **ニワ。** **クサ。** **キ。** 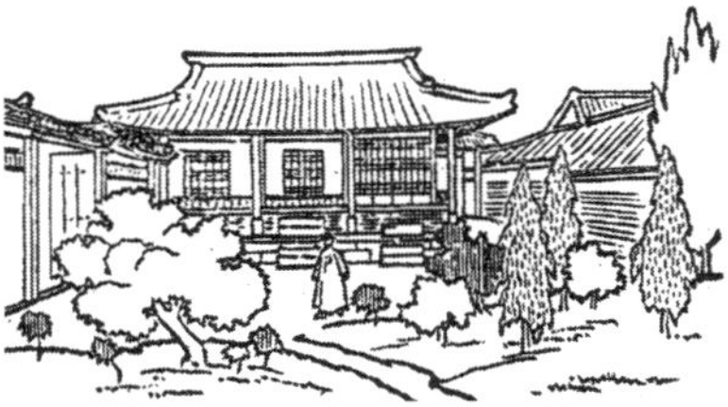
クワ ハ カイコ マユ	**クワ　ノ　ハ。** **カイコ。** **マユ。** 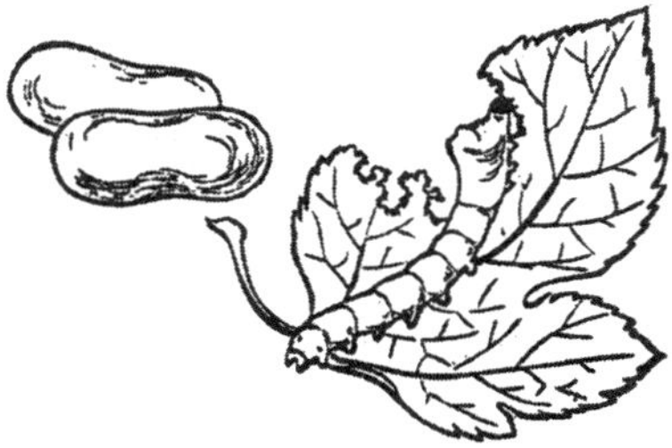
	ワ、エ、バ、ニ、キ、ボ、ツ、ユ、ノ、ソ。(復習)　(1-23)

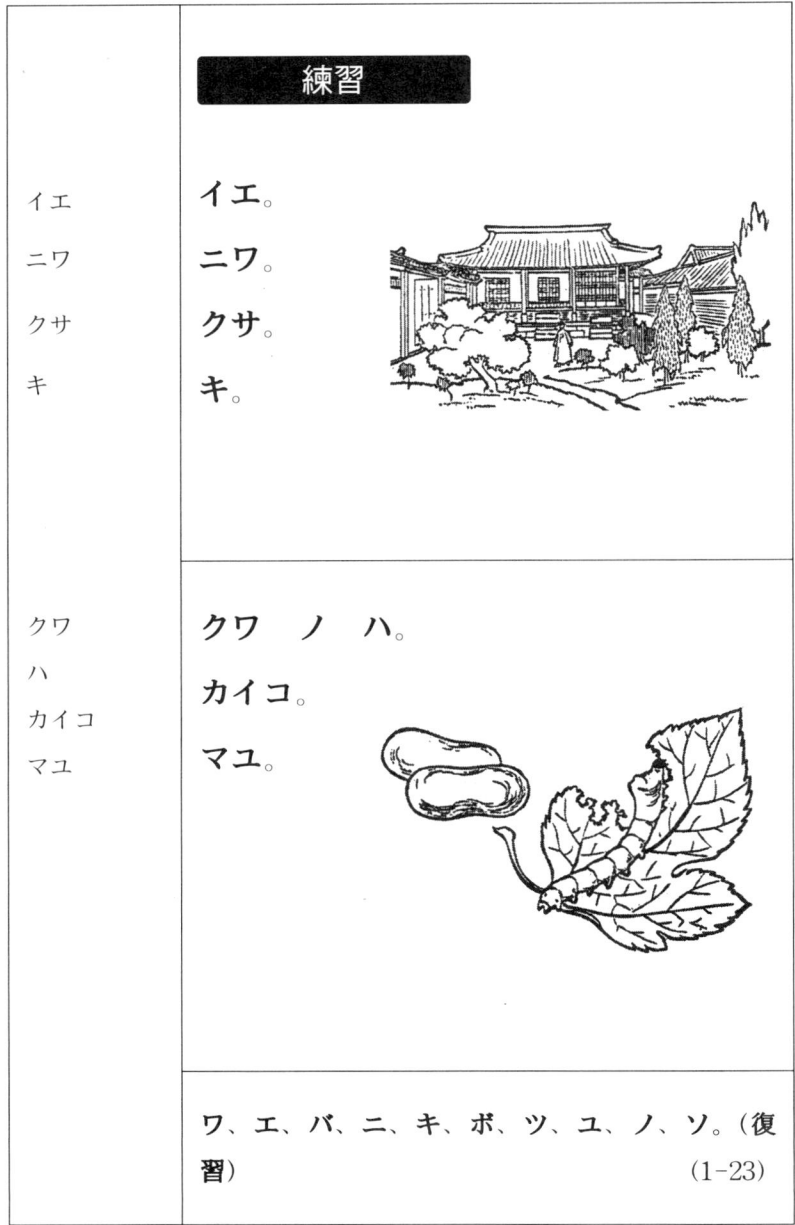

十四

ミナサン	ミナサン、
	ワカリマシタ　カ。
サア ムチ サシマス	サア、　ムチ　デ サシマス。
ヨンデゴランナサイ	ヨンデ　ゴラン　ナサイ。
	ラ、テ、ヲ。(字形比較) ナ、ラ。 コ、ゴ。(發音練習)　(1-24)

練習

ワカリマシタ　カ。

　ワカリマシタ。

ヨンデ　ゴラン　ナサイ。

　ヨミマシタ。

ジ　ヲ　カイテ　ゴラン　ナサイ。

　カキマシタ。　(1-25)

十五

セキバン セキ**ヒ**ツ セキバンフキ コガタナ ウエ	**セキバン。　セキヒツ。** **セキバンフキ。** **コガタナ。** **ミンナ　ツクエ　ノ　ウエ　ニ　アリマス。**
	ワ、ウ。(字形比較)　(1-26)

アサヒ
ハタ

練習

アサヒ。

ハタ。

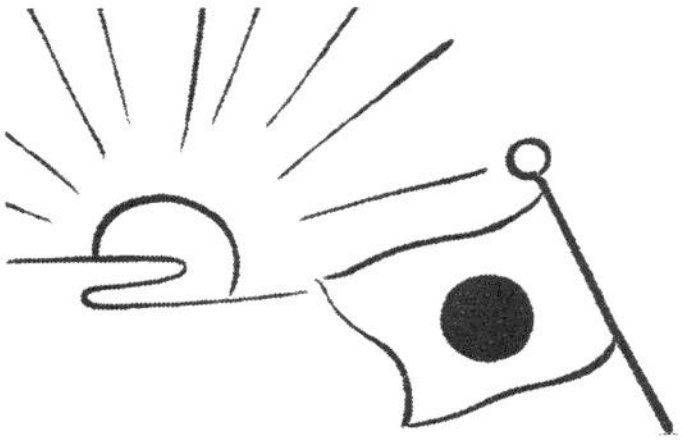

ハシラ
トケイ
ヒバチ
ヒバシ

ハシラ。

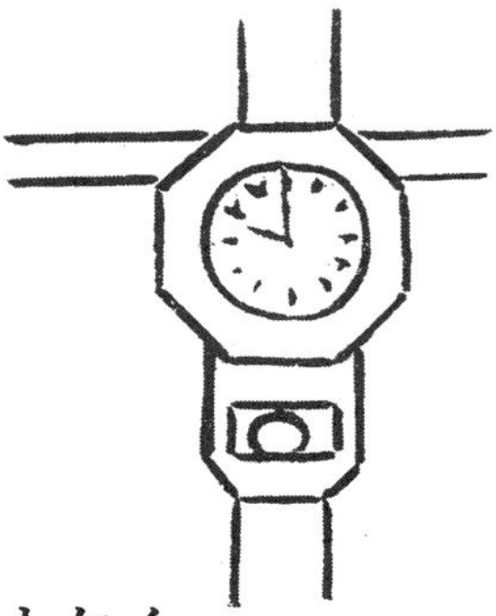

トケイ。

ヒバチ。

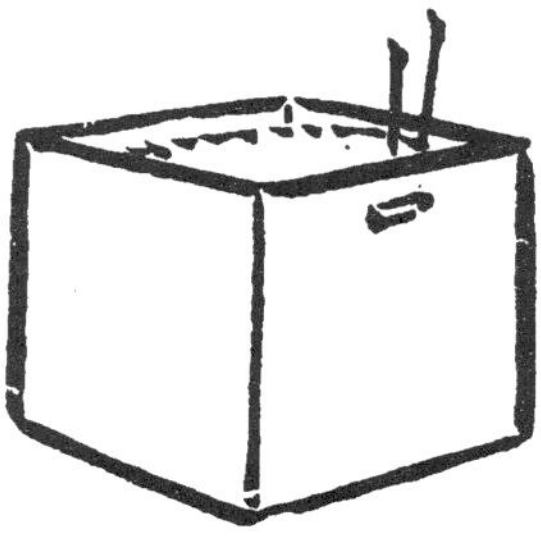

ヒバシ。

(1-27)

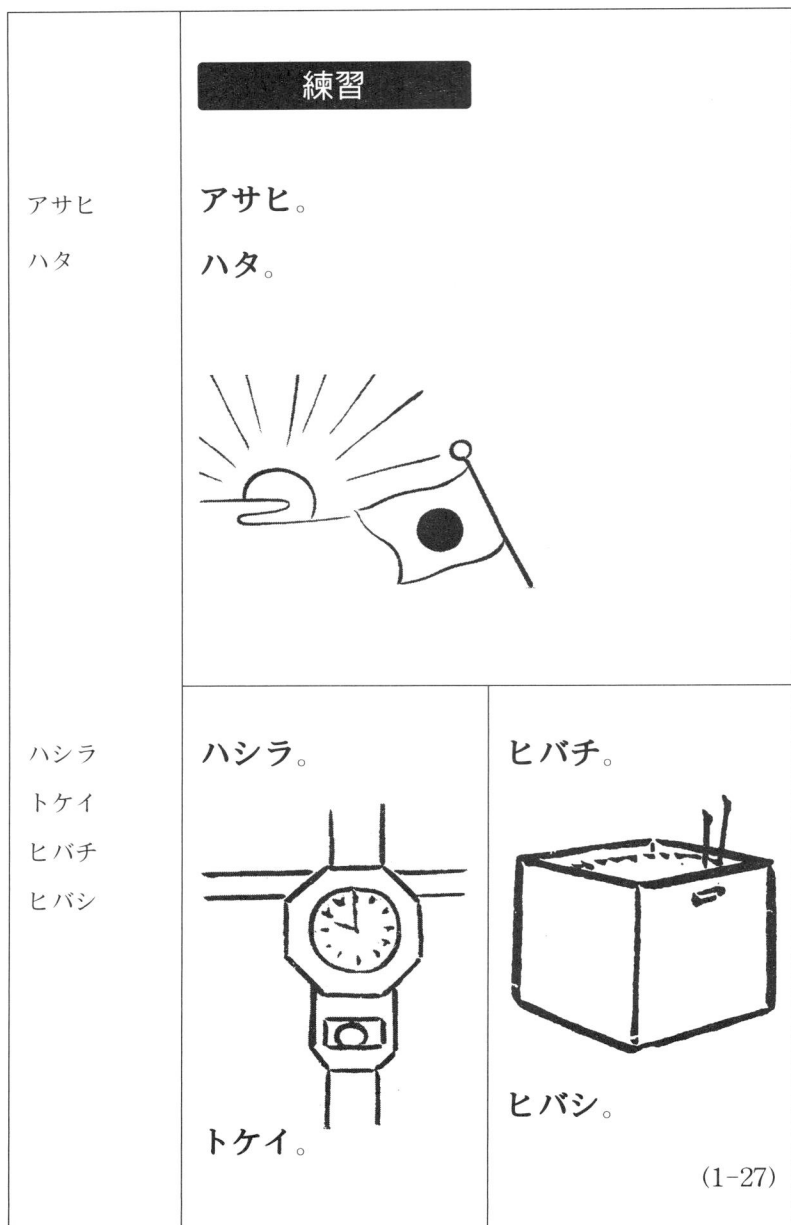

クマ トラ ウシ	クマ。  トラ。	ウシ。 
ウマ カラス ツバメ ニワトリ	ウマ。 	カラス。 ツバメ。 ニワトリ。  (1-28)

十六

ナガイ ヘイ タカイ モン カラ ハイリマス デマス	**ナガイ　ヘイ。** **タカイ　モン。** **モン　カラ** **　ハイリマス。** **モン　カラ　デマス。**
	ヒ、ヘ。(發音練習)　(1-29)

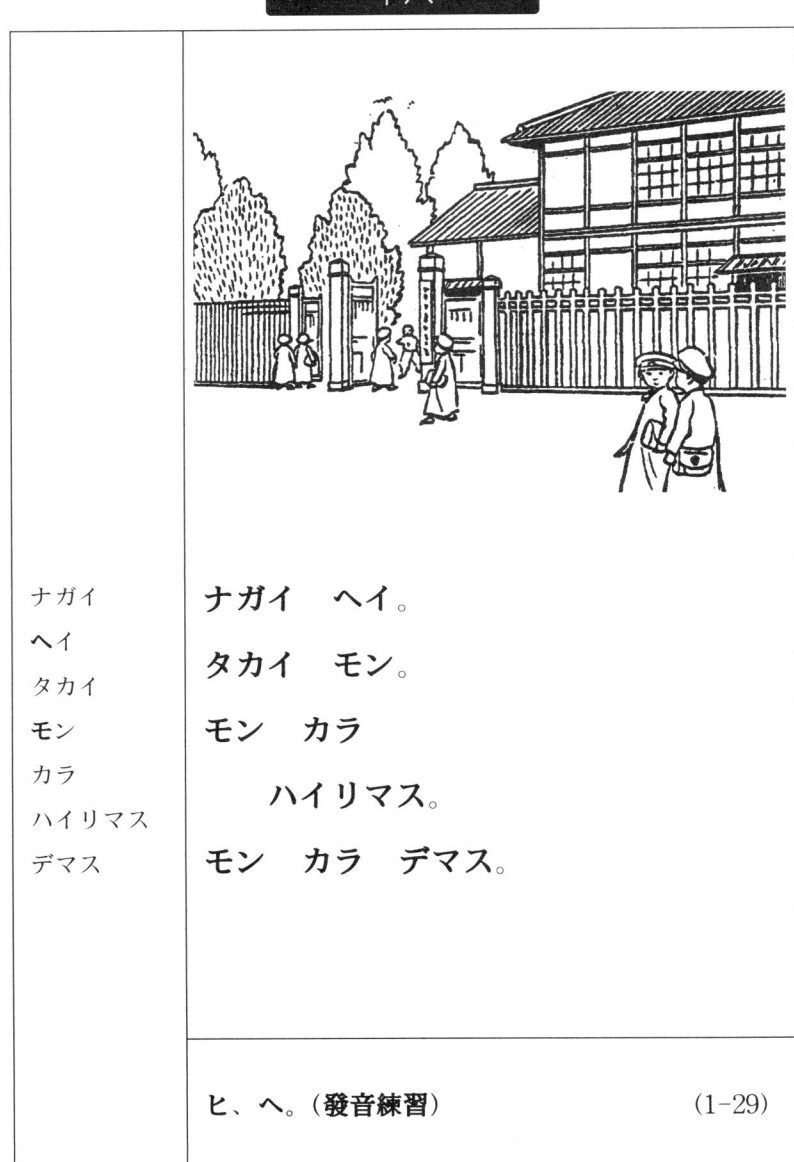

十七

シロイ イヌ クロイ ネコ エンガワ	**シロイ　イヌ　ガ、** **ニワ　ニ　イマス。** **クロイ　ネコ　ガ、** **エンガワ　ニ** **イマス。**
	ヌ、ス。(字形比較) レ、ネ。(發音練習)　(1-30)

十八

ヤネ	ヤネ　ノ　ウエ　ニ、 ハト　ガ　イマス。
マツ シタ ツル	マツ　ノ　シタ　ニ、 ツル　ガ　イマス。
	レ、ル。（字形比較） マツ、マス。 ツル。 スミ。（發音練習）（1-31）

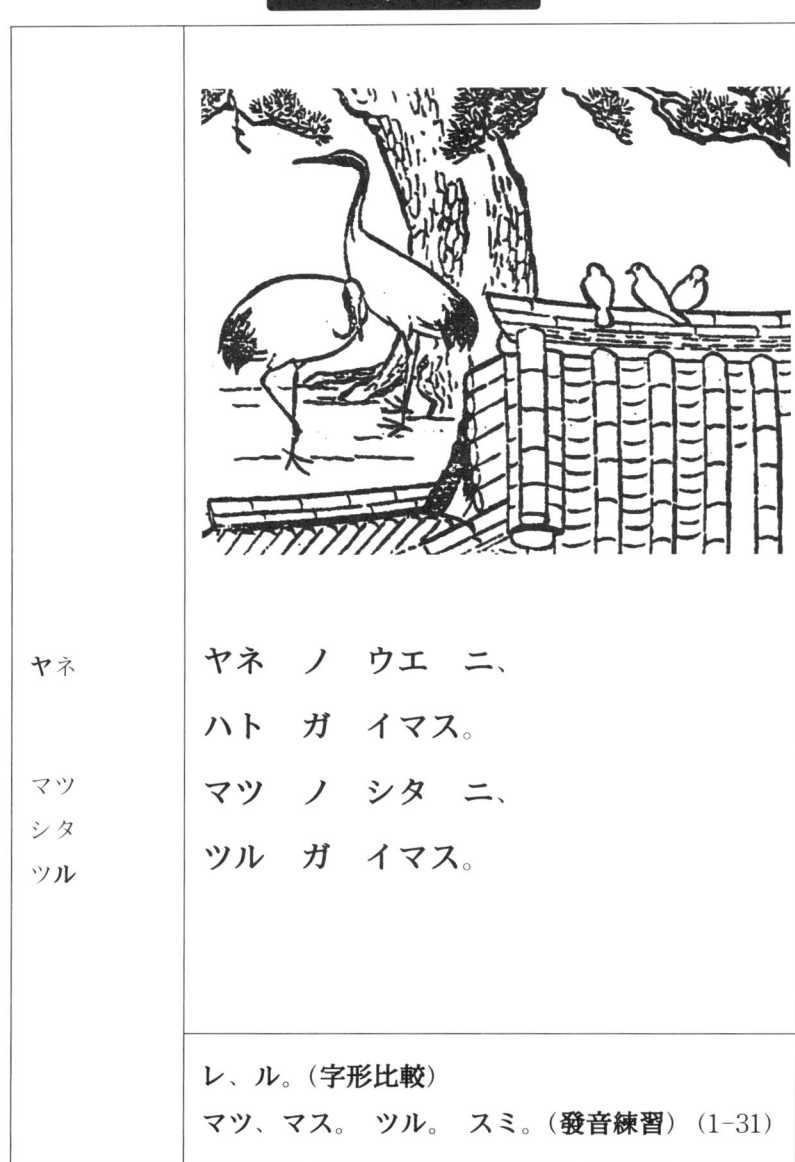

	練習
ヤマ カワ	**ヤマ。** **カワ。** 
ナツメ クルミ モモ	**ナツメ。** **クルミ。** **モモ。** 
イネ ワラ コメ	**イネ。** **ワラ。** **コメ。** 
	ム、ゴ、ラ、ヒ、ウ、ヘ、モ、ヌ、ネ、ヤ、ル。(復習) (1-32)

十九

オトウサン。

オカアサン。

オトウト。　イモウト。

ミンナ　スワッテ　イマス。

ダレ　モ　タッテ　イマセン。

オトウサン
オカアサン
オトウト
イモウト
スワッテイマス
ダレ
モ
タッテイマセン

タ、ダ。(發音練習)　　(1-33)

二十

イシ ヒトツ フタツ ミッツ ヨッツ イツツ ムッツ ナナツ ヤッツ ココノツ トウ	**イシ　ガ　アリマス。** **ヒトツ　フタツ　ミッツ** **ヨッツ　イツツ　ムッツ** **ナナツ　ヤッツ　ココノツ** **トウ。** **ミンナ　デ　トウ　アリマス。** (1-34)

二十一

ツツジ	ツツジ　ノ　ハナ　ガ
サイテイマス	サイテ　イマス。
キレイデゴザイマス	キレイ　デ　ゴザイマス。
イクツ	イクツ　サイテ　イマス　カ。
カゾエテゴランナサイ	カゾエテ　ゴラン　ナサイ。
	(1-35)

二十二

ガン
キジ
トビ

ガン。

キジ。

トビ。

サギ
カササギ
ムギ

サギ。

カササギ。

ムギ。

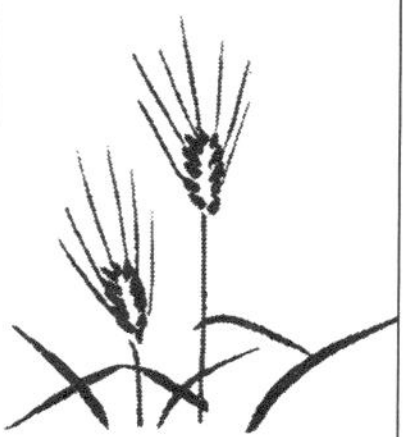

(1-36)

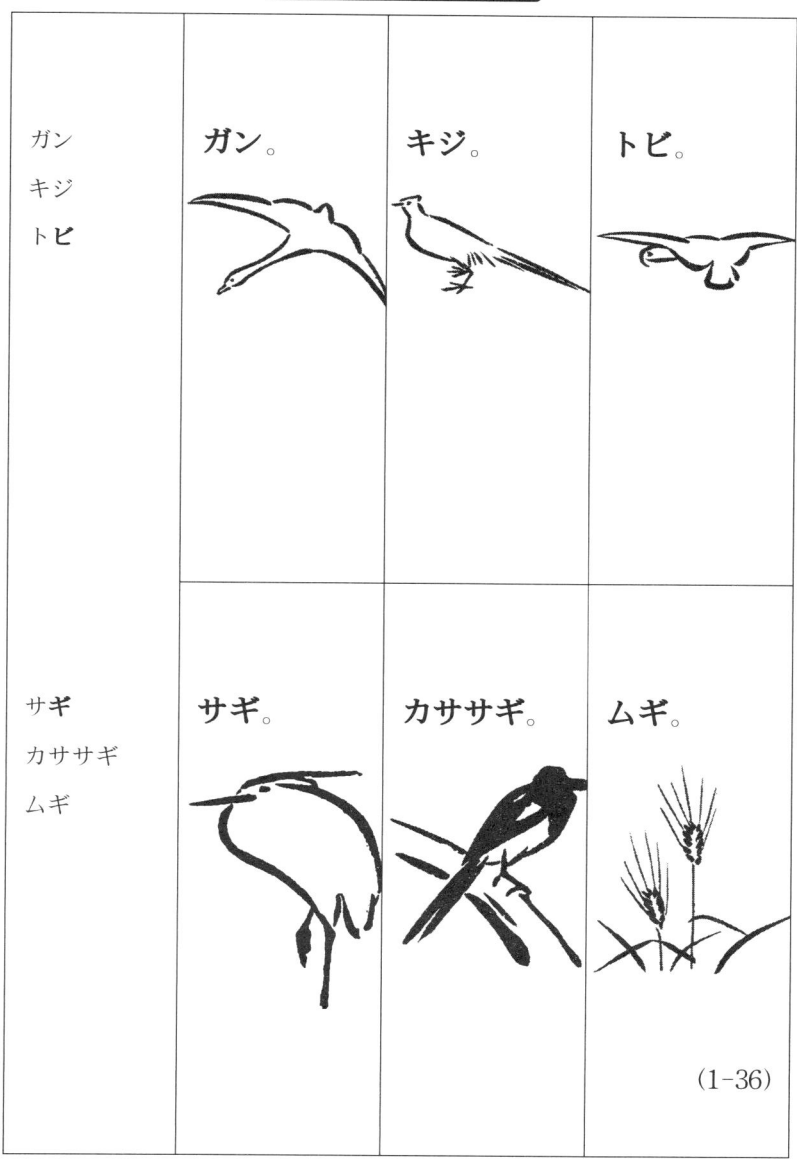

ギンナン
ザクロ
ブドウ

ギンナン。

ザクロ。

ブドウ。

ダイコン
ニンジン
ボウシ

ダイコン。

ニンジン。

ボウシ。

(1-37)

テヌグイ ゾウキン ゼニ	テヌグイ。 	ゾウキン。 	ゼニ。 
テツビン ドビン ナベ	テツビン。 	ドビン。 	ナベ。  (1-38)

二十三

	テヌグイ　デ カオ　ヲ フキマス。 
ツツミマス	フロシキ　デ ホン　ヲ ツツミマス。  (1-39)

二十四

ラッパ
フイテイマス

ラッパ　ヲ
フイテ
イマス。

エンピツ
ケズッテ
イマス

エンピツ　ヲ
ケズッテ
イマス。

(1-40)

ランプ ヒ ツケマシタ イッペン	ランプ ニ ヒ ヲ ツケマシタ。 イッペン デ ツケマシタ。 
テッポウ ウチマシタ	テッポウ ヲ ウチマシタ。  (1-41)

二十五

タテ	ミナサン、 コレ　ヲ タテ　ニ ヨミ 　ナサイ。

(五十音圖)

ア	カ	サ	タ	ナ
イ	キ	シ	チ	ニ
ウ	ク	ス	ツ	ヌ
エ	ケ	セ	テ	ネ
オ	コ	ソ	ト	ノ

ガ	ザ	ダ
ギ	ジ	ヂ
グ	ズ	ヅ
ゲ	ゼ	デ
ゴ	ゾ	ド

(1-42)

ヨコ	ヨコ　ニ ヨミ ナサイ。
ソウシテ	ソウシテ
ソラデ	ソラデ
オボエナサイ	オボエ ナサイ。

ハ	マ	ヤ	ラ	ワ	ン
ヒ	ミ	イ	リ	(ヰ)	
フ	ム	ユ	ル	ウ	
ヘ	メ	エ	レ	(ヱ)	
ホ	モ	ヨ	ロ	ヲ	

バ	パ
ビ	ピ
ブ	プ
ベ	ペ
ボ	ポ

(1-43)

二十六

ニイサン
ハ
ネエサン
エ
ワタクシ
ソレ
ミテイマス

ニイサン　ハ　ホン　ヲ

ヨンデ　イマス。

ネエサン　ハ　エ　ヲ

カイテ　イマス。

ワタクシ　ハ

ソレ　ヲ　ミテ　イマス。

(1-44)

二十七

エダ トマッテ イマス コドモ	**カラス　ハ、　キ　ノ　エダ　ニ、** **トマッテ　イマス。** **コドモ　ト** **イヌ　ハ、** **キ　ノ　シタ　ニ、** **アソンデ　イマス。**  (1-45)

二十八

一マイ
二マイ
三マイ
一サツ
四サツ

カミ　ガ　アリマス。

一マイ　二マイ

三マイ。

ホン　ガ　アリマス。

一サツ　二サツ　三サツ　四サツ。

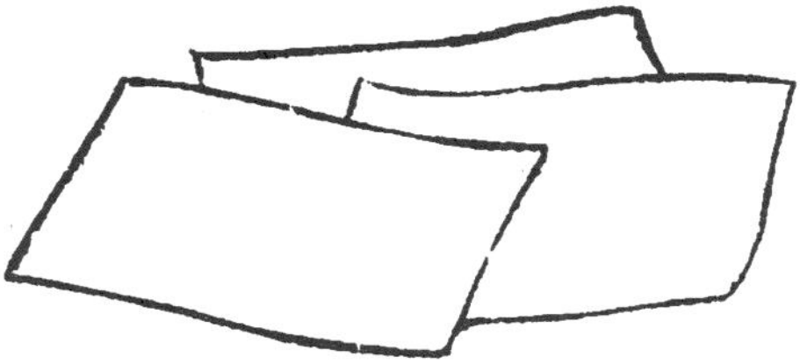

[**練習**]　**一、二、三、四。**　(1-46)

二十九

ヒトリ フタリ 三ニン 四ニン 五ニン 六ニン 七ニン 八ニン 九ニン 十ニン	**ヒトリ　フタリ** **三ニン　四ニン** **五ニン　六ニン** **七ニン　八ニン　九ニン　十ニン**。 **セイト　ガ　十ニン　イマス**。 
	[**練習**]　**四**サツ、**四**ニン。　**五**、**六**、**七**、**八**、**九**、**十**。　(1-47)

三十

マリナゲ
カケクラ
ナワトビ
一ペン
二ヘン
三ベン
トビマシタ

マリナゲ。　カケクラ。

ナワトビ。

一ペン　二ヘン

三ベン　四ヘン。

四ヘン　ナワ　ヲ

トビマシタ。

(1-48)

三十一

ヤスミ オワリマシタ ナランデ ハイリマス ケイコ ハジマル ノ デス	ヤスミ　ガ オワリマシタ。 セイト　ガ ナランデ ハイリマス。 ケイコ　ガ　ハジマル　ノ　デス。  (1-49)

三十二

ホウキ ハキマシタ キレイニ ナリマシタ	**ホウキ　デ** **ハキマシタ。** **ゾウキン　デ** **フキマシタ。** **キレイニ** **ナリマシタ。**  (1-50)

三十三

ノボリマシタ	アサヒ　ガ　ノボリマシタ。
トリ	トリ　ガ、
	キ　ノ　エダ　ニ、
ナイテイマス	ナイテ　イマス。
ヒト ハタケ エ	ヒト　ガ、　ハタケ　エ、
シゴト	シゴト　ニ　デマス。

(1-51)

三十四

	セイト　ガ、
	コシカケ　ニ、
	コシ　ヲ
	カケテ　イマス。
カラダ	カラダ　ヲ
マッスグニ	マッスグニ　シテ　イマス。

(1-52)

シセイ イタズラ ハナシ オハナシ ヨク キイテイマス	**ヨイ　シセイ　デス。** **イタズラ　ヲ　シマセン。** **ハナシ　モ　シマセン。** **センセイ　ノ　オハナシ　ヲ、** **ヨク　キイテ　イマス。**
	[**練習**] ヨイ　セイト　ハ　イタズラ　ヲ　シマセン。　(1-53)

三十五

イマ タイソウ	イマ　タイソウ　ヲ シテ　イマス。
	マッスグニ　タッテ、
マエ	マエ　ヲ 　　　ミテ　イマス。
ウシロ	ウシロ　ヲ　ミマセン。

(1-54)

ワキ	**ワキ　モ　ミマセン**。
ミギ	**ミギ　ノ　アシ　ヲ　アゲマス**。
	オロシマス。
ヒダリ	**ヒダリ　ノ　アシ　ヲ　アゲマス**。
	オロシマス。
	[**練習**] イエ　ノ　マエ。　イエ　ノ　ウシロ。 ミギ　ノ　テ。　ヒダリ　ノ　テ。(1-55)

三十六

ネズミ 一ピキ 二ヒキ 三ビキ	**ネズミ　ガ　イマス。** **一ピキ　二ヒキ　三ビキ　四ヒキ。** **四ヒキ　イマス。**
大キナ	**一ピキ　ハ　大キナ** **ネズミ　デス。**
小サナ	**三ビキ　ハ　小サナ**

(1-56)

ナニ シテイルノ デス タベモノ サガシテ イルノデス	**ネズミ　デス。** **ナニ　ヲ　シテ　イル　ノ　デス　カ。** **タベモノ　ヲ　サガシテ　イル** **ノ　デス。**
	[**練習**] ウマ　**一**ピキ。　ウシ　**二**ヒキ。 イヌ　**三**ビキ。 ネコ　**四**ヒキ。 (1-57)

三十七

ココ	ココ　ニ　ヒト　ガ　イマス。
ソコ	ソコ　ニ　イヌ　ガ　イマス。
アソコ	アソコ　ニ　ウシ　ガ　イマス。
人	人　ハ　ドコ　ニ　イマス　カ。
ドコ	人　ハ　ココ　ニ　イマス。
犬	犬　ハ　ドコ　ニ　イマス　カ。
	(1-58)

牛

犬 ハ ソコ ニ イマス。

牛 ハ ドコ ニ イマス カ。

牛 ハ アソコ ニ イマス。

[練習] ソコ ニ ナニ ガ イマス カ。

ウマ ガ イマス。 (1-59)

三十八

コノ
イロ
ゴランナサイ
一バンメ
赤
ダイダイ
色
キ色

コノ　イロ　ヲ
ゴラン　ナサイ。
一バンメ　ハ
赤　デス。
二バンメ　ハ
ダイダイ色　デス。
三バンメ　ハ
キ色　デス。

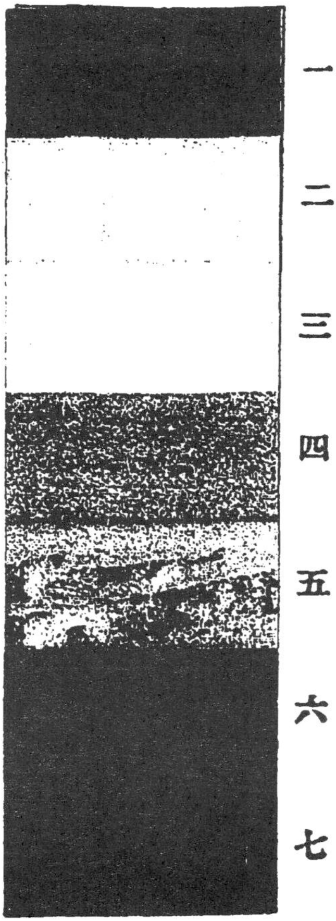

(1-60)

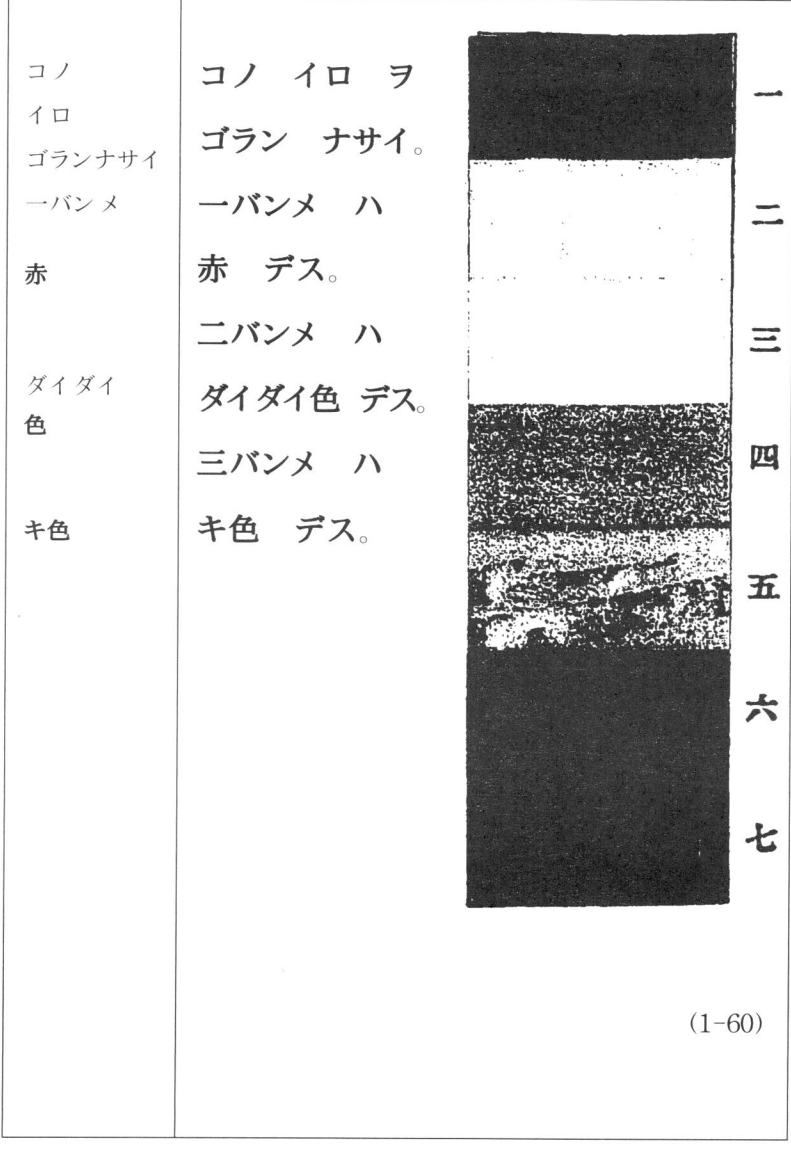

ミドリ アオ コン ムラサキ ドノ スキデス	**ソウシテ　四バンメ　ハ　ミドリ、** **五バンメ　ハ　アオ、　六バンメ　ハ** **コン、　七バンメ　ハ** **ムラサキ　デス。** **ミナサン、** **ドノ　色　ガ　スキ　デス　カ。**
	[**練習**]　クサ　ノ　**色**　ハ　ミドリ　デス。 (1-61)

三十九

カエル	**カエル　ガ、**
中	**ミズ　ノ　中　ニ、**
オヨイデイマス	**オヨイデ　イマス。**
	一ピキ　ハ、　イマ
下 シズミマシタ	**下　エ　シズミマシタ。**
スコシ タツト マタ	**スコシ　タツ　ト、　マタ**

(1-62)

上 ウカビマス オカ ノモ **目** **手** ツイテ	**上 エ ウカビマス。** **オカ ニ イル ノ モ** **アリマス。** **大キナ 目 ヲ シテ、 手 ヲ ツイテ、 スワッテ イマス。**
	[**練習**] アソコ ニ、 オトコノコ ガ、 三ニン オヨイデ イマス。 (1-63)

四十

ソラ
クモッテ
日

ミエマセン

アメ
タイソウ
フリマス
カゼ
フキマス

ソラ　ガ　クモッテ、

日　ガ

ミエマセン。

アメ　ガ　タイソウ

フリマス。

カゼ　モ　フキマス。

(1-64)

イナビカリ ヒカリマス カミナリ ナリマス	**イナビカリ　ガ** **ヒカリマス。** **カミナリ　ガ** **ナリマス。** 
	[**練習**] アメ　モ　フリマセン。　カゼ　モ　フキマセン。 ソラ　ニ　**日**　ガ　ミエマス。　(1-65)

四十一

雨 フッテ 水 フエマシタ アブナイカラ 川	雨 ガ フッテ、 カワ ノ 水 ガ、 タイソウ フエマシタ。 アブナイ カラ、 川 ノ 中 エ ハイリマセン。

(1-66)

ハイル ナガサレマス イロイロナ モノ ナガレテ キマス	**ハイル　ト、　ナガサレマス。** **ゴラン　ナサイ、　イロイロナ** **モノ　ガ　ナガレテ　キマス。**
	[**練習**] **水**　ガ　フエマシタ　カラ、　**川**　ノ　**中**　エ　ハイリマセン。 **川**　ニ、　イロイロナ　モノ　ガ　ナガレテ　キマス。　(1-67)

四十二

	ドノ　トリ　ガ　ニワトリ　デス　カ。
	コノ　トリ　デス。
	ドノ　トリ　ガ　スズメ　デス　カ。
ソノ	ソノ　トリ　デス。　(1-68)
	ツバメ　ハ　ドノ　トリ　デス　カ。
アノ	アノ　トリ　デス。
ヤナギ 木 ドレ アレ	ヤナギ　ノ　木　ハ　ドレ　デス　カ。 アレ　デス。

	[練習] ドノ。コノ。ソノ。アノ。ドレ。アレ。　(1-69)

四十三

コチラ ソチラ トンボ トンデイマス アチラ	**コチラ　ニモ、** **ソチラ　ニモ、** **トンボ　ガ** **トンデ　イマス。** **アチラ　ニモ、** **一ピキ**  (1-70)

	トンデ　イマス。
ドチラ	ドチラ　ニモ　トンデ　イマス。
一バン	ドレ　ガ、　一バン
	大キナ　トンボ　デス　カ。
	[練習] アチラ　ニモ、　コチラ　ニモ、　ソチラ　ニモ、　トンボ　ガ　トンデ　イマス。　ドチラ　ニモ　トンデ　イマス。　(1-71)

四十四

キツネ スダレ ニグルマ	**キツネ。** 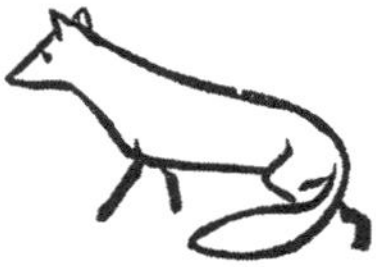	**スダレ。** 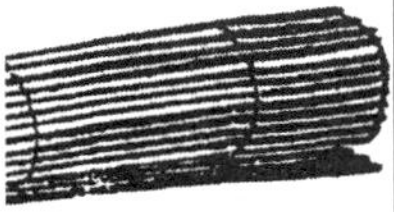	**ニグルマ。** 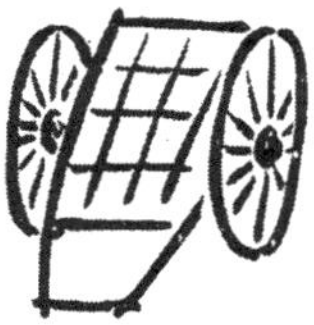
リンゴ レンコン ロウソク	**リンゴ。** 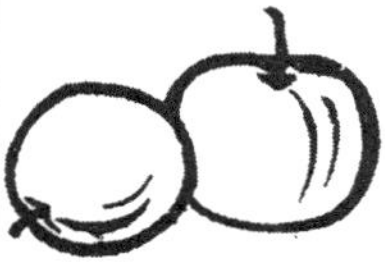	**レンコン。** 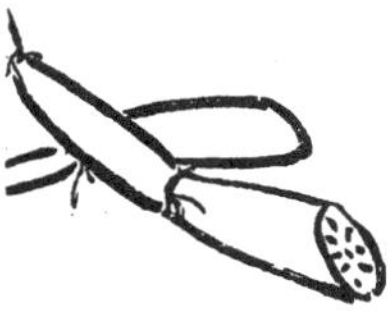	**ロウソク。** 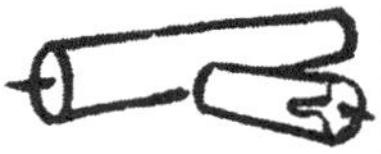 (1-72)

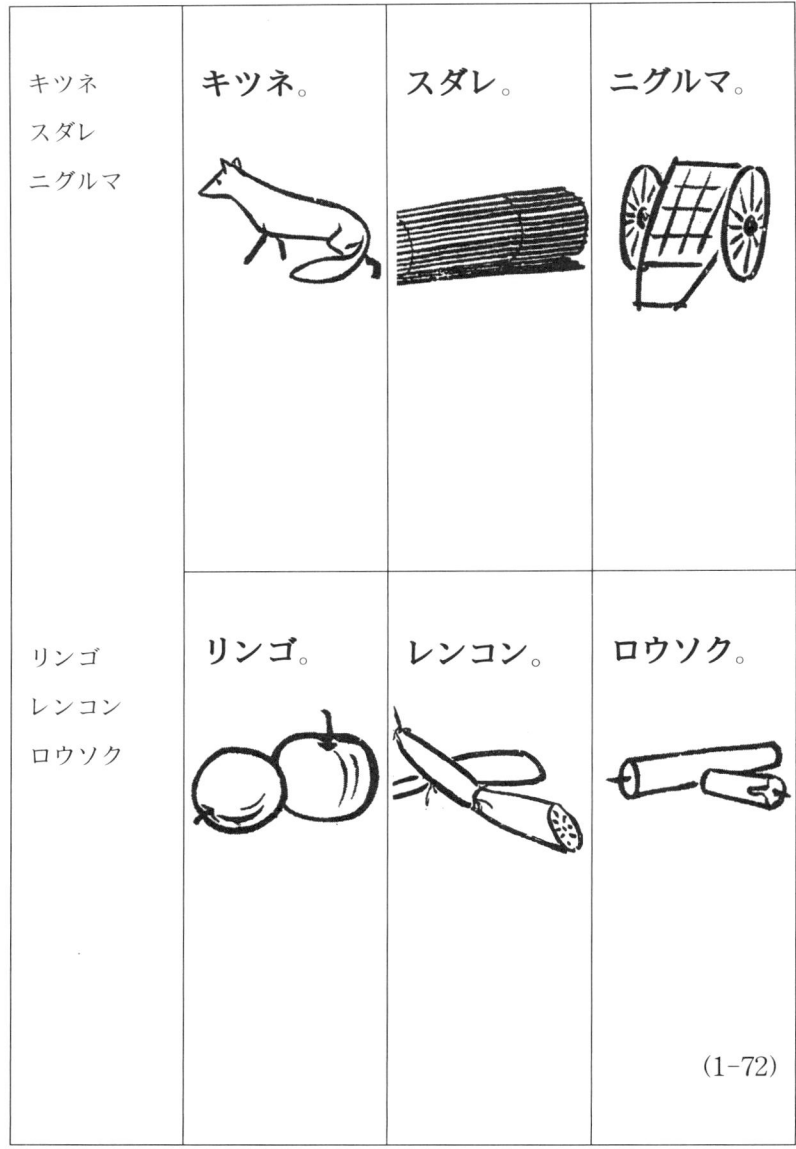

(發音練習)

イス、　イツ。　スキ、　ツキ。

イシ、　ニシ。　イワ、　ニワ。

ナン、　ラン、　ダン。

ニン、　リン、　イン。

ヌス、　ルス、　ユス。

ネイ、　レイ、　デイ。

ノウ、　ロウ、　ドウ。

四十五

モッテイマス ナンボン	アナタ　ハ エンピツ　ヲ モッテ イマス　カ。 ハイ、　モッテ　イマス。 ナンボン  (1-74)

	モッテ　イマス　カ。
二本	二本　モッテ　イマス。
一本 カシテクダサイ カシテアゲマス	一本　カシテ　クダサイ。 ハイ、　カシテ　アゲマス。
三本	[練習] ムチ　**一本**。　フデ　**二本**。　ハリ　**三本**。　ネズミ　ガ　ナンビキ　イマスカ。　**五**ヒキ　イマス。　(1-75)

四十六

ウサギ ハヤク ハシリマス オソク ハイマス	ウサギ　ハ　ハヤク　ハシリマス。 カメ　ハ　オソク　ハイマス。 ウサギ　ト　カメ　ガ、　カケクラヲ　シマシタ。
	 (1-76)
ヤスンデイマシタ ヤスマズニ イキマシタ カチマシタ マケマシタ	ウサギ　ハ　ミチ　デ　ヤスンデ　イマシタ。 カメ　ハ　ヤスマズニ　イキマシタ。 カメ　ハ　カチマシタ。 ウサギ　ハ　マケマシタ。　(1-77)

四十七

	ミナサン、 ウサギ ト カメ ガ、
	ナニ ヲ シマシタ カ。
	カケクラ ヲ シマシタ。
ドウ	カメ ハ ドウ シテ
	イキマシタ カ。
	ヤスマズニ イキマシタ。 (1-78)
	ウサギ ハ ドウ シテ
	イマシタ カ。
	ヤスンデ イマシタ。
ドチラ	ドチラ ガ カチマシタ カ。
	カメ ガ カチマシタ。
ナゼ	ナゼ カメ ガ カチマシタ カ。
	ヤスマズニ イキマシタ カラ、 (1-79)
	カチマシタ。
	ナゼ ウサギ ガ マケマシタ カ。
	ヤスンデ イマシタ カラ、
	マケマシ タ。
	普通學校國語讀本 卷一終 (1-80)

【附　錄】

[二十八]　一(イチ)。　二(ニ)。　三(サン)。　四(シ)。　一(イッ)サツ。

[二十九]　四(ヨ)ニン。　五(ゴ)。　六(ロク)。　七(シチ)。
八(ハチ)。　九(ク)。　十(ジウ)。

[三十六]　大(オウ)キナ。　小(チイ)サナ。

[三十七]　人(ヒト)。　犬(イヌ)。　牛(ウシ)。

[三十八]　赤(アカ)。　色(イロ)。

[三十九]　中(ナカ)。　下(シタ)。　上(ウエ)。　目(メ)。　手(テ)。

[四十]　日(ヒ)。

[四十一]　雨(アメ)。水(ミズ)。　川(カワ)。

[四十二]　木(キ)。

[四十五]　二本(ニホン)。　一本(イッポン)。　三本(サンボン)。

大正元年十二月十三日印刷
大正元年十二月十五日發行
大正四年十二月十五日七版

定價金六錢

朝鮮總督府

總務局印刷所印刷

朝鮮總督府編纂

普通學校國語讀本 卷二

第1學年 2學期

朝鮮總督府編纂

普通學校國語讀本

卷二

【緒　言】

一、本書ハ普通學校第一學年後半期ノ國語科教科書ニ充ツルモノナリ。

二、本書ノ各課ハ、其ノ練習ト共ニ、凡ソ三四時間ヲ以テ、教授スベキ豫定ナレドモ、教師ハ、便宜、斟酌ヲ加ヘ、生徒ノ能力ニ適セシメンコトヲ圖ルベシ。

三、本書記載ノ事項ハ、生徒ヲシテ能ク之ヲ理會セシメ、尙ホ言語或ハ文章ヲ以テ、明瞭ニ之ヲ表出セシムベシ。

四、本書ノ各課ハ、實物・動作・繪畫等ニ依リテ直觀的ニ教授シ、便宜、國語ヲ以テ說明ヲ加ヘ、必要ノ場合ニ限リ、朝鮮語ニテ對譯又ハ解釋シ、　(1)
以テ十分ニ其ノ意義ヲ理會セシムベシ。

五、挿畫ハ特ニ之ヲ多クシ、直觀的教授ノ材料トナセリ。

六、本書ノ各課ヲ教授スルニハ、本文ノ讀方・解釋等ニ入ル前、必要ニ應ジテ、該課ノ內容ニ關シ、豫メ問答又ハ說明ヲナスベシ。而シテ右ノ問答又ハ說明ニハ、出來得ル限リ、國語ヲ用フベシ。

七、新出語ハ總ベテ之ヲ上欄ニ揭ゲ、且ツ新出文字ニハ●點ヲ附シ、讀替文字ニハ一線ヲ附セリ。

用語ハ語尾ノ變化セルモノヲモ、必要ニ應ジテ、特ニ新語トシテ掲ゲタリ。

八、練習問題ハ、本書ニ掲グルモノノ外、必要ニ應ジテ、之ヲ補フベシ。

九、教師ハ單ニ本書所載ノ言語ヲ授クルヲ以テ足レリトセズ、機ニ臨ンデ之ヲ補ヒ、 (2)
生徒ノ語彙ヲ富マサンコトヲ務ムベシ。而シテ既ニ授ケタル言語ハ、爾後、絶エズ之ヲ使用セシメ、特ニ教室用語ノ如キハ、出來得ル限リ、國語ヲ以テセシムベシ。

十、卷末ノ附錄ハ、生徒ヲシテ、豫習・復習ノ際、之ヲ利用セシムベシ。

大正元年十二月　　　　朝　鮮　總　督　府　(3)

モクロク

普通學校國語讀本 卷二

一、アサ

アサ

モウ
トヤ
下リマシタ
ノキバ
サエズッテイマス
東
アカク
スグニ
上ルデショウ
マコトニ
心モチノヨイ
アサネ
シテハナリマセン

ニワトリ　ハ　モウ　トヤ　カラ　**下**リマシタ。
スズメ　ハ　ノキバ　ニ　サエズッテ　イマス。
東　ノ　ソラ　ガ　アカク (2-1) ナリマシタ　カラ、　スグニ　アサ**日**　ガ　**上**ル　デショウ。
アサ　ハ、　マコトニ、　**心**モチ　ノ　ヨイ　モノ　デス。
ミナサン、　アサネ　ヲ　シテ　ハ　ナリマセン。

	練習
ツギ 文	一、ツギ　ノ　文(ブン)　ヲ　オヨミ　ナサイ。(2-2) コノ　**川**　ニハ、フナ　ガ　イル　デショウ。 **川**　ノ　**中**　エ　ハイル　ト、アブナイ　デショウ。
本字 カナ コト オハナシナサイ	二、ツギ　ノ　**本字**(ホンジ)　ニ　カナ　ヲ　オツケ　ナサイ。 **日**。**東**。**心**。**上**ル。**下**リ。 三、ツギ　ノ　コト　ヲ　オハナシ　ナサイ。ソウシテ　ソレ　ヲ　**文**　ニ　オカキ　ナサイ。 ニワトリ　ト　スズメ　ハ、ドウ　シテ　イマス　カ。 **東**　ノ　ソラ　ハ　ドウ　ナリマシタ　カ。(2-3)

二、アサ　ノ　アイサツ

アイサツ **學校** ウンドウバ **生徒** **大**ゼイ	ココ　ハ　**學校**　ノ　ウンドウバ　デス。 **生徒**　ガ　**大**ゼイ　イマス。

今 **先**生 オハヨウゴザイマス ホカ ミナ シタノデス	**今**　ヒトリ　ノ　**生徒**　ガ、**先生**　ニ　アイサツ　ヲ　シテ　イマス。 「**先生**、　オハヨウ　ゴザイマス。」(2-4) ホカ　ノ　**生徒**　モ、ミナ　アイサツ　ヲ　シタ　ノ　デス。

練習

一、**生徒** ハ ドコ ニ イマス カ。

二、ダレ ガ アイサツ ヲ シテ イマス カ。

三、ドウ アイサツ ヲ シマシタ カ。

四、ツギ ノ **本字** ニ カナ ヲ オツケ ナサイ。

學校。 **先生**。 **生徒**。(2-5)

三、クリヒロイ

クリヒロイ タクサン オチテイマス	ミナサン、　ゴラン　ナサイ、　クリ　ガ　タクサン　オチテ　イマス。 
イッショニ ヒロイマショウ	サア、　ミンナ　デ　イッショニ　ヒロイマショウ。 ソコ　ニモ　オチテ　イマス。(2-6) ココ　ニモ　オチテ　イマス。 タクサン　ヒロイマシタ。

ウチ カエッタラ ヤ アゲマショウ **分**ケテヤリ マショウ	ウチ　エ　カエッタラ、　オトウサン　ヤ　オカアサン　ニ　アゲマショウ。　オトウト　ニモ、　イモウト　ニモ、　**分**ケテ　ヤリマショウ。 (2-7) **練習**
ヒロッテカラ イイマシタ オツクリナサイ	一、コドモ　ガ　ナニ　ヲ　シテ　イマスカ。 二、コドモ　ハ　クリ　ヲ　ヒロッテ　カラ、　ナン　ト　イイマシタ　カ。　ソレ　ヲ　**文**　ニ　オツクリ　ナサイ。

四、ツキ

ツキ	
モリ クモ ダンダン ハシッテ イキマシタ スッカリ **月** **見**エマス マリ ヨウ マンマルイ キレイデハ アリマセンカ	モリ ノ **上** ニ ツキ ガ デマシタ。 クモ ガ、 ダンダン、 アチラ エ ハ シッテ イキマシタ。(2-8) モウ スッカリ **月** ガ **見**エマス。 マリ ノ ヨウ ニ、 マンマルイ **月** デス。 キレイ デハ アリマセン カ。
デテゴランヨ	オトウサン、 オカアサン、 ハヤク デテ ゴラン ヨ。 (2-9)

オ月サマ マルク ドンナ ウタ	**オ月** サマ ガ デマシタ。 マルク マルク、 マンマルク、 マリ ノ ヨウ ニ マンマルク、 モリ ノ **上** ニ デマシタ。 **練習** 一、ツギ ノ コト ヲ オハナシ ナサイ。 ソウシテ ソレ ヲ **文** ニ オカキ ナサイ。 **月** ガ ドコ ニ デマシタ カ。 クモ ハ ドウ ナリマシタ カ。(2-10) **月** ハ ドウ ナリマシタ カ。 ドンナ **月** デス カ。 二、**月** ノ ウタ ヲ ソラデ イッテ ゴラ ン ナサイ。

五、ニワトリ

メンドリ エ **見**ツケマシタ ココココ ヒヨコ ヨンデイマス **口** ピヨピヨ カケテイキマス カワイラシイ オンドリ コエ コケコッコウ ウタイマシタ	メンドリ　ガ　エ　ヲ　**見**ツケマシタ。「ココココ」ト　ナイテ、　ヒヨコ　ヲ　ヨンデ　イマス。 ヒヨコ　ハ　**小**サナ　**口**　ヲ　アケテ、(2-11)「ピヨピヨ」ト　ナイテ、　カケテ　イキマス。カワイラシイ　デハ　アリマセンカ。 オンドリ　ハ　**今**　**大**キナ　コエ　デ、「コケコッコウ」ト　ウタイマシタ。  (2-12)

練習

一、ツギ　ノ　コト　ヲ　オハナシ　ナサイ。
ソウシテ　ソレ　ヲ　**文**　ニ　オカキ
ナサイ。

メンドリ　ハ　ドウ　シテ　イマス　カ。

ヒヨコ　ハ　ドウ　シテ　イマス　カ。

オンドリ　ハ　ドウ　シテ　イマス　カ。

二、ツギ　ノ　**文**　ヲ　オヨミ　ナサイ。

カワイラシイ　ヒヨコ　ガ　「ピヨピヨ」　ト　ナイテ、　カケテ　イキマス。(2-13)

六、木 ノ ハ

チリマス フカレテ ヒラヒラト ホソ長イ 赤イ 黄色ナ マジッテ イマス	木 ノ ハ ガ チリマス。 カゼ ニ フカレテ、 ヒラヒラト トンデ キマス。 大キナ ノ モ アリマス。 小サナ ノ モ アリマス。 マルイ ノ モ、 ホソ長イ ノ モ アリマス。 ソウシテ 赤イ ノ ヤ、 黄色ナ ノ ヤ、 イロイロナ ノ ガ マジッテ イマス。(2-14)

チッタ トコロ **土** モット サムク ナル チッテシマッテ カレタ ケレドモ ハル アタタカニ メ	タクサン　チッタ　トコロ　ハ、　**土**　モ　**見**エマセン。 モット　サムク　ナル　ト、　ハ　ガ　チッテ　シマッテ、　**木**　ハ　カレタ　ヨウ　ニ　ナリマス。(2-15) ケレドモ　ハル　ガ　キテ、　ダンダン　アタタカニ　ナル　ト、　マタ　メ　ガ　デマス。 **練習** 一、**木**　ノ　ハ　ガ　ドウ　ナリマス　カ。 二、ドンナ　**木**　ノ　ハ　ガ　アリマス　カ。 ソレ　ヲ　**文**　ニ　オツクリ　ナサイ。 (2-16)

七、オキャク

オキャク オイデニ ナリマシタ	オキャク　サマ　ガ　オイデ　ニ　ナリマシタ。 
シテイラッシャイマス チャワン オ**茶** **入**レテ **持**ッテオイデニナリマシタ オオキナサイマシタ	オトウサン　ハ、オキャク　サマ　ト、オハナシ　ヲ　シテ　イラッシャイマス。 ネエサン　ガ、チャワン　ニ、(2-17) オ**茶**　ヲ　**入**レテ、**持**ッテ　オイデ　ニ　ナリマシタ。ソウシテ　オキャク　サマ　ノ　マエ　ニ、オオキ　ナサイマシタ。

オギョウギ ヨロシウゴザイマスネ	オキャク サマ ハ ネエサン ニ、 「タイソウ オギョウギ ガ ヨロシウ ゴザイマス ネ。」
オッシャイマシタ	ト オッシャイマシタ。(2-18)
	練習
	一、ツギ ノ **文** ヲ オヨミ ナサイ。 ネエサン ハ オキャク サマ ニ、**オ茶** ヲ オアゲ ナサイマシタ。 ネエサン ハ オギョウギ ガ ヨロシウ ゴザイマス。 二、ツギ ノ コト ヲ オハナシ ナサイ。 ソウシテ ソレ ヲ **文** ニ オカキ ナサイ。
ナサイマシタ	ネエサン ハ ナニ ヲ ナサイマシタ カ。 オトウサン ハ ナニ ヲ シテ イラッシャイマス カ。 (2-19)

八、ジュンサ

ジュンサ **何** イッテイマス **兄** **弟**	ジュンサ　ガ　**人**　ニ、**何**　カ　イッテ　イマス。　**兄**　ト　**弟**　ガ、　コレ　ヲ　**見**テ　イマス。

オマワリサン シカッテイル ノデショウ	「ニイサン、　アノ　オマワリサン　ハ、　**人**　ヲ　シカッテ　イル　ノ　デショウ　カ。」(2-20)

オシエテ イルノデス ワルイ シナイ シカリマセン スレバ	「イイエ、 ソウ デハ アリマセン。 アレ ハ、**人** ニ、 ミチ ヲ オシエテ イル ノ デス。 オマワリサン ハ、 ワルイ コト ヲ シナイ **人** ヲ シカリマセン。」 「ワルイ コト ヲ スレバ シカリマスカ。」 「ソウ デス。 ワルイ コト ヲ スレバ シカリマス。(2-21) アナタ モ ワルイ コト ヲ シテ ハ ナリマセン。」 **練習** 一、ジュンサ ハ **何** ヲ シテ イマス カ。 二、フタリ デ、 **兄** ト **弟** ノ ハナシ ヲ シテ ゴラン ナサイ。 三、**本字** デ、「ツキ」「チャ」「キイロ」「アカ」ト オカキ ナサイ。(2-22)

[發音練習]

キャ	ギャ	シャ	ジャ	チャ	ヂャ	ニャ	ヒャ	ビャ	ピャ	ミャ	リャ
キュ	ギュ	シュ	ジュ	チュ	ヂュ	ニュ	ヒュ	ビュ	ピュ	ミュ	リュ
キョ	ギョ	ショ	ジョ	チョ	ヂョ	ニョ	ヒョ	ビョ	ピョ	ミョ	リョ

キウ	ギウ	シウ	ジウ	チウ	ヂウ	ニウ	ヒウ	ビウ	ピウ	ミウ	リウ
キヨウ	ギヨウ	シヨウ	ジヨウ	チヨウ	ヂヨウ	ニヨウ	ヒヨウ	ビヨウ	ピヨウ	ミヨウ	リヨウ

(2-23)

九、四方

四**方** **山**	**山** ノ **上** ニ アサ**日** ガ **上**リマシタ。 
ムカッテ **兩**手 ヒロゲテイマス **前** **後** **西** **右** **南** **左** **北**	コドモ ガ **日** ニ ムカッテ、 **兩手** ヲ ヒロゲテ イマス。 コドモ ノ **前** ノ **方** ハ **東** デ、 **後** ノ **方** ハ **西** デス。(2-24) ソウシテ **右** ノ **手** ノ **方** ハ **南** デ、 **左** ノ **手** ノ **方** ハ **北** デス。

東 ト、 **西** ト、 **南** ト、 **北** ヲ、 **四方** ト イイマス。
ミナサン、 **日** ハ、 コノ コドモ ノ ドチラ ノ **方** エ、 ハイリマス カ。

練習

ツギ ノ コト ヲ オハナシ ナサイ。(2-25)
ソウシテ ソレ ヲ **文** ニ オカキ ナサイ。

コドモ ハ ドウ シテ イマス カ。

東 ハ コノ コドモ ノ ドチラ デス カ。

西 ハ コノ コドモ ノ ドチラ デス カ。

南 ハ コノ コドモ ノ ドチラ デス カ。

北 ハ コノ コドモ ノ ドチラ デス カ。

十、シンセツナ　コドモ

シンセツナ メクラ **杖** ツキナガラ アルイテキマシタ	メクラ　ノ　**人**　ガ、　**杖**　ヲ　ツキナガラ、　ミチ　ヲ　アルイテ　キマシタ。(2-26)

橋 セマイ アブナソウデス **三人** カエッテキマシタ **一人** ヒイテヤロウ	ソコ　ニ　**橋**　ガ　アリマス。　セマイ　**橋**　デス　カラ、　アブナソウ　デス。 **今**　**生徒**　ガ、　**三人**、　**學校**　カラ　カエッテ　キマシタ。 **一人**　ノ　**生徒**　ガ、　ソノ　**人**　ノ　**手**　ヲ、　ヒイテ　ヤロウ　ト　シテ　イマス。(2-27)
子供	シンセツナ　**子供**　デハ　アリマセン　カ。

練習

一、ツギ　ノ　コト　ヲ　オハナシ　ナサイ。

ソウシテ　ソレ　ヲ　**文**　ニ　オカキ　ナサイ。

メクラ　ノ　**人**　ガ　ドウ　シテ　イマスカ。

子供　ガ　ドウ　シテ　イマス　カ。

二、シンセツナ　**子供**　ノ　ハナシ　ヲ　シテゴラン　ナサイ。(2-28)

十一、ゴゼン ト ゴゴ

ゴゼン ゴゴ 出テ	日 ハ 東 カラ 出テ、 西 エ ハイリマス。 
來タ 時 正午 午前 後 午後	日 ガ 南 ニ 來タ 時 ハ、 正午 デス。 正午 カラ 前 ハ 午前 デ、 正午 カラ 後 ハ 午後 デス。(2-29)

十二時間ヅツ	**午前** モ **午後** モ、**十二時間** ヅツ アリマス。
何時 オキテ ネマス ハジマッテ	ミナサン ハ **午前何時** ニ オキテ、**午後何時** ニ ネマス カ。 **學校** ハ **午前何時** ニ ハジマッテ、**午後何時** ニ オワリマス カ。(2-30)
	練習
イツ	ツギ ノ コト ヲ オハナシ ナサイ。 **正午** ハ イツ デス カ。 **午前** ハ イツ デス カ。 **午後** ハ イツ デス カ。

十二、マチ

マチ **家** ヒロウゴザイマス	コノ　エ　ヲ　ゴラン　ナサイ。**家**　ガ　タクサン　ナランデ　イマス。 ミチ　ガ　タイソウ　ヒロウ　ゴザイマス。 (2-31)

車 ノッテイル **馬** **荷**車 ヒカセテ**行**ク	アルイテ　イル　**人**　モ　アリマス。**車**　ニ　ノッテ　イル　**人**　モ　アリマス。**牛**　ヤ　**馬**　ニ、**荷車**　ヲ　ヒカセテ　**行**ク　**人**　モ　アリマス。

人 ガ ミセ デ、 何 カ カッテ イマス。(2-32)

アノ ミセ ハ ゴフクヤ デス。

ゴフクヤ ノ トナリ ハ、 米ヤ デス。

タイソウ ニギヤカ デス。

ミセ
カッテイマス
ゴフクヤ
トナリ
米ヤ
ニギヤカデス

練習

一、ツギ ノ コト ヲ オハナシ ナサイ。
　ソウシテ ソレ ヲ 文 ニ オカキ ナサイ。

　　ミチ ニ ドンナ 人 ガ イマス カ。

　　ドンナ ミセ ガ アリマス カ。(2-33)

二、本字 デ、「イエ」「ウシ」「ウマ」「ニグルマ」ト オカキ ナサイ。

三、コノ マチ ノ コト ヲ ハナシテ ゴラン ナサイ。

十三、福童　ノ　ウチ

福童 オマエ オタッシャ デス	**先生**　「**福童**、　オマエ　ノ　ウチ　デハ、 オトウサン　モ　オカアサン　モ、 オタッシャ　デス　カ。」 **福童**　「ハイ、　タッシャ　デス。」(2-34) 
オジイサン オバアサン	**先生**　「オジイサン　モ　オバアサン　モ、 オタッシャ　デス　カ。」

二人トモ	**福童**　「ハイ、 **二人** トモ タッシャ デス。」
	先生　「ホカ　ニ　ダレ　ガ　イマス　カ。」
	福童　「ニイサン　ト、　ネエサン　ト、イモウト　ト、　オトウト　ガ　イマス。」(2-35)
ソレデハ	**先生**　「ソレデハ　ミンナ　デ、　**何人**　イマス　カ。」
	福童　「**八人**　デス。」
	先生　「**八人**　デス　か。」
ア チガイマシタ	**福童**　「ア、　チガイマシタ。　**九人**　デス。」
	練習
	一、**先生**　ト　**福童**　ガ　ハナシタ　コト　ヲ、イッテ　ゴラン　ナサイ。
	二、**福童**　ノ　ウチ　ニハ、　ダレ　ト　ダレ　ガ　イマス　カ。(2-36)
	ソレ　ヲ　**文**　ニ　オツクリ　ナサイ。

十四、ユキ

ユキ **冬** コノゴロ **毎日** **田** **畑** マッ**白**ニ	モウ　**冬**　デス。　コノ　ゴロ　ハ　ユキ　ガ　**毎日**　フリマス。　ヤネ　モ、　ミチ　モ、　**田**　モ、　**畑**　モ、　マッ**白**ニ　ナリマシタ。  (2-37)
ツモッテ **枝**	ユキ　ガ　ツモッテ、　**木**　ノ　**枝**　ハ　ハナ　ガ　サイタ　ヨウ　デス。　タイソウ　キレイ　デハ　アリマセン　カ。

雪	**子供** ハ **今** **雪** ノ **中** ヲ アルイテ イマス。 **學校** エ **行**ク ノ デス。
ヤスミマセン	コノ **子供** ハ、 **雨** ガ フッテ モ、 **雪** ガ フッテ モ、 **學校** ヲ ヤスミマセン。(2-38)
感心ナ	**感心**ナ **子供** デス。
	練習
	一、ツギ ノ コト ヲ オハナシ ナサイ。 ソウシテ ソレ ヲ **文** ニ オカキ ナサイ。 **雪** ガ フッテ、 ドンナニ ナリマシタ カ。 **子供** ハ ドウ シテ イマス カ。 二、**本字** デ、「フユ」「ユキ」「エダ」「ハタ」ト オカキ ナサイ。(2-39)

十五、雪ダルマ

雪ダルマ ツモリマシタ 作リマショウ コンナニ 大キク マダ 小サイ モウスコシ	「雪　ガ　タクサン　ツモリマシタ。　雪ダルマ　ヲ　作リマショウ。」 「モウ、　コンナニ　大キク　ナリマシタ。」 「マダ　小サイ　カラ、　モウ　スコシ　大キク　シマショウ。」

デキマシタ コンド	「コレ　デ　カラダ　ガ　デキマシタ。(2-40) コンド　ハ　アタマ　ヲ　作リマショウ。」

コシラエマショウ 大キイ 炭 黑ク コワソウナ	「アタマ　モ　デキマシタ　カラ、 ハナ　ト　口　ヲ　コシラエマショウ。」 「ダルマ　サン　ノ　目　ハ　大キイ　カラ、 大キク　シマショウ。 ソウシテ　炭　ヲ　入レテ、 黑ク　シマショウ。」 「コレ　デ　目　モ　デキマシタ。(2-41) コワソウナ　目　デハ　アリマセン　カ。」 **練習** 一、子供　ガ　何　ト　イイマシタ　カ。 二、ツギ　ノ　文　ヲ　オヨミ　ナサイ。 雪ダルマ　ヲ　オ作リ　ナサイ。 雪ダルマ　ヲ　作リマショウ。 雪ダルマ　ヲ　作リマス。 雪ダルマ　ヲ　作リマシタ。(2-42)

十六、子犬

コトシ **春** **生**レマシタ **名** ポチ ナレテイマス	コノ　**犬**　ハ　コトシ　ノ　**春**　**生**レマシタ。 **名**　ハ　ポチ　ト　イイマス。 ヨク　**人**　ニ　ナレテ　イマス。

私	**私**　ハ　ポチ　ニ　イロイロナ　タベモノ　ヲ　ヤリマス。(2-43)
ヨロコンデ タベマス	ポチ　ハ　ヨロコンデ、ソレ　ヲ　タベマス。

庭 出ル スグ アソビニ行ク イツモ ツイテ來マス 又 ツイテ來ル	私　ガ　庭　エ　出ル　ト、　スグ　ハシッテ　來マス。 私　ガ　アソビ　ニ　行ク　ト、　イツモ　ツイテ　來マス。 又　私　ガ　學校　エ　行ク　時　モ、ツイテ　來ル　コト　ガ　アリマス。 ポチ　ハ　カワイラシイ　犬　デス。(2-44) **練習** 一、ツギ　ノ　コト　ヲ　オハナシ　ナサイ。 又　文　ニ　オカキ　ナサイ。 子供　ハ　ポチ　ヲ　ドウ　シマス　カ。 ポチ　ハ　ドウ　シマス　カ。 二、本字　デ、「ハル」「ワタクシ」「ニワ」　ト　オカキ　ナサイ。 三、子犬　ノ　コト　ヲ　ハナシテ　ゴラン　ナサイ。

十七、兄 ト 弟

	コレ ハ 兄 ト 弟 ガ、 學校 エ 行ク トコロ デス。(2-45)

親切ニ	兄 ハ 弟 ヲ 親切ニ シテ ヤリマス。
キキマス	弟 ハ ヨク 兄 ノ イウ コト ヲ キキマス。
道 遊ンデイマス 止ッテ	道 ニ 犬 ガ 遊ンデ イマス。 弟 ハ 止ッテ、 ソレ ヲ 見テ イマス。(2-46)

早ク	兄 「早ク 行キマショウ。 犬 ヲ 見テ イル ト、 オソク ナリマス。」
	弟 「ハイ、 行キマショウ。」
急イデ	二人 ハ 急イデ 學校 エ 行キマシタ。
チョウド	ソウシテ、 チョウド、 ケイコ ノ ハジマ
マニアイマシタ	ル ノ ニ マニアイマシタ。
	練習
	一、ツギ ノ コト ヲ オハナシ ナサイ。
	又 文 ニ オカキ ナサイ。(2-47)
	兄 ハ 弟 ヲ ドウ シマス カ。
	弟 ハ 兄 ヲ ドウ シマス カ。
	弟 ハ 道 デ ドウ シマシタ カ。
	兄 ハ 弟 ニ 何 ト イイマシタ カ。
	二、ツギ ノ 文 ヲ オヨミ ナサイ。
	子供 ガ 犬 ニ タベモノ ヲ ヤリマス。
	兄 ガ 弟 ヲ 親切ニ シテ ヤリマス。
	人 ガ トリ ニ エ ヲ ヤリマス。
	子供 ガ メクラ ノ 人 ノ 手 ヲ ヒイテ ヤリマス。(2-48)

十八、シンネン

シンネン **新年** キョウ **正月** **元日** シメナワ カザッテアリマス	**新年** ニ ナリマシタ。 キョウ ハ **正月** ノ **元日** デス。ドコ ノ **家** ニモ、シメナワ ガ カザッテ アリマス。

ウレシソウニ	スズメ ハ、ウレシソウニ、 ノキバ ニ サエズッテ イマス。(2-49)
年 キノウ **八**ツデシタガ **九**ツ	**私** ハ **年** ガ **一**ツ フエマシタ。キノウ ハ **八**ツ デシタ ガ、キョウ ハ モウ **九**ツ ニ ナリマシタ。

ケサ 日ノマル 門 立テマシタ オメデトウ ゴザイマス ソレカラ	私 ハ ケサ 早ク オキテ、 ニイサント 二人 デ、 日ノマル ノ ハタ ヲ、門 ニ 立テマシタ。 ソウシテ オトウサン ニ、「オメデトウゴザイマス。」 ト、 アイサツ ヲ シマシタ。(2-50) ソレカラ オカアサン ニモ、 アイサツ ヲ シマシタ。 ニイサン ニモ、 ネエサン ニモ、 アイサツ ヲ シマシタ。 
今日 シキ 行ッテ オイワイモウシマショウ	今日 ハ、 學校 デ、 新年 ノ シキ ガ アリマス。 早ク 行ッテ、 先生 ニ オイワイ ヲ モウシマショウ。(2-51)

友ダチ	友ダチ　ニモ　オイワイ　ヲ　イイマショウ。 **練習** 一、ツギ　ノ　コト　ヲ　オハナシ　ナサイ。 　又　文　ニ　オカキ　ナサイ。 　　正月　ノ　元日　ニハ、　ドンナ　コト　ヲ　シマスカ。 　　元日　ト　ソノ　前　ノ　日　ト、　人　ノ　年　ガ　チガイマス　カ。 二、ツギ　ノ　文　ヲ　オヨミ　ナサイ。(2-52) 　　門　ニハ　シメナワ　ガ　カザッテ　アリマス。 　　正月　ノ　元日　ニハ、　オメデトウ　ト イッテ、　アイサツ　ヲ　シマス。

十九、日ノマル　ノ　ハタ

白イ キレ ソメタ	**日**ノマル　ノ　ハタ　ハ、　**白**イ　キレ　ニ、　**日**ノマル　ヲ　**赤**ク　ソメタ　モノ　デス。
リッパニ	**日**ノマル　ハ、　チョウド　アサ**日**　ノ　ヨウ　ニ、　リッパニ　**見**エマス。(2-53)
オイワイ日	オイワイ**日**　ニハ、　ドコ　ノ　ウチ　デ　モ、　コノ　ハタ　ヲ　**立**テマス。
ウゴク イサマシウ ゴザイマス	**日**ノマル　ノ　ハタ　ガ、　カゼ　ニ　フカレ　テ、　ヒラヒラト　ウゴク　ノ　ハ、　マコト　ニ　イサマシウ　ゴザイマス。
	練習 一、ツギ　ノ　コト　ヲ　オハナシ　ナサイ。 ソウシテ　ソレ　ヲ　**文**　ニ　オカキ　ナサイ。(2-54) **日**ノマル　ノ　ハタ　ハ、　ドンナ　モ　ノ　デス　カ。

	イツ　日ノマル　ノ　ハタ　ヲ　立テマス　カ。 二、ツギ　ノ　文　ノ　□　ノ　トコロ　ニ、字　ヲ　オ入レ　ナサイ。 木　ノ　ハ　ガ　カゼ　ニ　□□□テ、トンデ　キマス。 □イ　キレ　ニ、□イ　日ノマル　ガ　ソメテ　アリマス。(2-55)

二十、テンノウヘイカ

テンノウヘイカ	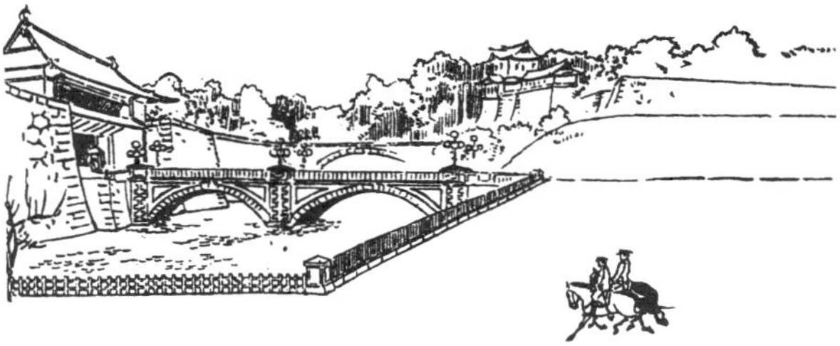
宮城 イラッシャイマス	テンノウヘイカ　ハ　**宮城**　ニ　イラッシャイマス。
東京 マン**中**	**宮城**　ハ　**東京**　ノ　マン**中**　ニ　アリマス。
親 **子** カワイガル **人民** カワイガッテクダサイマス ドモ ゴ**恩** アリガタク **思**イマス	テンノウヘイカ　ハ、　**親**　ガ　**子**　ヲ　カワイガル　ヨウ　ニ、　**人民**　ヲ　カワイガッテ　クダサイマス。(2-56) **私**　ドモ　ハ、　テンノウヘイカ　ノ　ゴ**恩**　ヲ、　アリガタク　**思**イマス。

練習

一、テンノウヘイカ　ハ　ドコ　ニ　イラッシャイマス　カ。

二、**宮城**　ハ　ドコ　ニ　アリマス　カ。

三、テンノウヘイカ　ノ　ゴ**恩**　ヲ　オハナシナサイ。

四、ツギ　ノ　**本字**　ニ　カナ　ヲ　オツケナサイ。

人　ガ　イマス。**三人**　イマス。

人民。(2-57)

二十一、オカアサン

女ノ子 ネテイマス カゼヲヒイタ クルシソウナ	**女ノ子** ガ ネテ イマス。 カゼ ヲ ヒイタ ノ デショウ。 クルシソウナ カオ ヲ シテ イマス。 
ソバ クスリ ノマセテイル	ソバ ニ イル ノ ハ オカアサン デ、 **今** クスリ ヲ ノマセテ イル トコロ デス。(2-58)
ユウベ **苦**シミマシタ ノデ ネムリマセ ンデシタ	ユウベ モ、 コノ **子** ガ **苦**シミマシタ ノデ、 オカアサン ハ ヨク ネム リマセン デシタ。

オカゲ ビョウキ キット ナオルデショウ	オカアサン　ノ　オカゲ　デ、　コノ　**子**　ノ　ビョウキ　ハ、　キット　ナオル　デショウ。(2-59) **練習** 一、ツギ　ノ　コト　ヲ　オハナシ　ナサイ。 ソウシテ　ソレ　ヲ　**文**　ニ　オカキ　ナサイ。 **女ノ子**　ハ　ドウ　シテ　イマス　カ。 オカアサン　ハ　ドウ　シテ　イマス　カ。 二、**本字**　デ、「シンネン」「トウキョウ」「キウジョウ」　ト　オカキ　ナサイ。 三、オカアサン　ノ　ゴ**恩**　ヲ　オハナシ　ナサイ。

二十二、月 ノ カゾエカタ

カゾエカタ 今月 來月	**今月** ハ **一月** デ、 **來月** ハ **二月** デス。(2-60)
ジュンジュンニ	**二月** カラ **三月**、 ソレカラ ジュンジュンニ、 **四月** **五月** **六月** **七月** **八月** **九月** **十月** **十一月** **十二月** ニ ナリマス。
スメバ	**十二月** ガ スメバ、 マタ **一月** ニ ナリマス。
十二箇月 先月 マデ **去**年 今年 **始**メテ	**一年** ハ チョウド **十二箇月** デス。 **先月** マデ ハ **去年** デシタ ガ、(2-61) **今月** カラ ハ **今年** デス。 **去年** ノ **四月** ニ、 **私** ドモ ハ **始**メテ **學校** エ ハイリマシタ。
	練習
コトバ 來年	一、**一年** ノ **月** ヲ カゾエテ ゴラン ナサイ。 二、ツギ ノ コトバ ヲ オヨミ ナサイ。 **先月**。 **今月**。 **來月**。 **去年**。 **今年**。 **來年**。 (2-62)

二十三、氷(コウリ) ノ 上

氷 ハリマシタ	**川** ニ **氷** ガ ハリマシタ。 ゴラン ナサイ、**氷** ノ **上** ニハ、 **子供** ガ **大**ゼイ **遊**ンデ イマス。

オモシロソウデス **寒**イ カタク ハッテイマス イクラ	オモシロソウ デス。 **今** ハ タイソウ **寒**イ カラ、 **氷** ガ カタク ハッテ イマス。 イクラ **遊**ンデ モ、 アブナイ コト ハ アリマセン。 (2-63)

暖カニ ナッタラ トケル アブノウゴザイマス	ケレドモ　スコシ　暖カニ　ナッタラ、氷　ノ　上　エ　行ッテ　ハ　ナリマセン。　氷　ガ　トケル　ト、　アブノウゴザイマス。 **練習** 一、ツギ　ノ　コト　ヲ　オハナシ　ナサイ。　ソウシテ　ソレ　ヲ　文　ニ　オカキ　ナサイ。 川　ガ　ドンナニ　ナリマシタ　カ。 子供　ハ　ドウ　シテ　イマス　カ。 (2-64) 氷　ノ　上　デ　遊ンデ　ヨイ　ノ　ハ、イツ　デス　カ。 イツ　氷　ノ　上　エ　行ッテ　ハ　ナリマセン　カ。 二、ツギ　ノ　コトバ　ノ　□　ノ　トコロ　ニ、　本字　ヲ　オ入レ　ナサイ。 □(サム)イ。　□(アタタ)カイ。　□(アソ)ンデ。　□(イ)ッテ。

二十四、ブタ

ブタ	ゴラン　ナサイ、　ココ　ニ　ブタ　ガイマス。(2-65)

太クテ **足** クビ **尾** **短**ク **細**ウゴザイマス 短イ ワキ見 **豚** スタッタ デモ キタナイ コノム ケモノ	カラダ　ハ　**太**クテ、　**足**　ヤ　クビ　ヤ　**尾**　ハ　**短**ク、　**目**　ハ　**細**ウ　ゴザイマス。 クビ　ガ　**短**イ　カラ、　ワキ**見**　ハ　デキマセン。 **豚**　ハ、　スタッタ　モノ　デモ、**何**　デモ　タベマス。　ケレドモ　キタナイ　コト　ヲ　コノム　ケモノ　デハ　アリマセン。(2-66)

コヤ ナド シテヤル **肉** タベラレマス **皮** **毛** ヤクニタチマス カエマス ソレダカラ カウ リエキ	カラダ　ヤ　コヤ　ナド　ハ、　キレイニ　シテ　ヤル　ガ　ヨイ　ノ　デス。 **豚**　ノ　**肉**　ハ　タベラレマス。　**又**　**皮**　ヤ　**毛**　ナド　モ、　イロイロナ　ヤク　ニ　タチマス。 **豚**　ハ　ダレ　ニモ　カエマス。　ソウシテ　タイソウ　**早**ク　フエマス。(2-67) ソレダカラ　コレ　ヲ　カウ　ト、　リエキ　ニ　ナリマス。 **練習** ツギ　ノ　コト　ヲ　オハナシ　ナサイ。　**又**　**文**　ニ　オカキ　ナサイ。 **豚**　ノ　カラダ　ハ　ドンナ　デス　カ。 **豚**　ハ　キタナイ　コト　ヲ　コノミマス　カ。 **豚**　ハ　ドンナ　ヤク　ニ　タチマス　カ。 (2-68)

二十五、手ヌグイ

ベンリナ ヨゴレル **洗**ッテ フク **着物** ハシ フイテハナリマセン	**手**ヌグイ　ハ　ベンリナ　モノ　デス。 **手**　ヤ　カオ　ガ　ヨゴレル　ト、**洗**ッテ、　コレ　デ　フク　コト　ガ　デキマス。 **着物**　ノ　ハシ　ナド　デ、フイテ　ハナリマセン。 **學校**　ノ　**生徒**　ハ、　ダレ　デモ、**手**ヌグイ　ヲ　**持**ッテ　イル　ノ　ガ、ヨロシウ　ゴザイマス。(2-69) 

カリル ウツル カモ **知**レマセン **自分** タビタビ ヨゴレナイ シテオカナケレバナリマセン	ホカ　ノ　**人**　ノ　**手**ヌグイ　ヲ　カリル　ノ　ハ、　ヨク　アリマセン。　ビョウキガ　ウツル　カモ　**知**レマセン。 **自分**　ノ　**手**ヌグイ　モ、タビタビ　**洗**ッテ、　ヨゴレナイ　ヨウ　ニ　シテ　オカナケレバ　ナリマセン。(2-70) **練習** ツギ　ノ　コト　ヲ　オハナシ　ナサイ。　**又文**　ニ　オカキ　ナサイ。 **手**ヌグイ　ハ　ドンナ　ヤク　ニ　タチマスカ。 ホカ　ノ　**人**　ノ　**手**ヌグイ　ヲ　カリル　ノ　ハ、　ナゼ　ワルイ　ノ　デス　カ。 **手**ヌグイ　ハ、　イツモ、　ドウ　シテ　オカナケレバ　ナリマセン　カ。(2-71)

二十六、トリ ノ カズ

カズ サンジュツ **問**イマシタ	サンジュツ ノ **時間** ニ、**先生** ガ **生徒** ニ **問**イマシタ。

鳥 **五**ワ **一羽** 何羽 ノコッテ イマス **答**エマシタ	「ミナサン、**木** ノ **枝** ニ **鳥** ガ **五**ワ イマシタ。 ソレ ヲ **人** ガ、 テッポウ デ、 **一羽** ウチマシタ。 マダ アト ニ、 **何羽** ノコッテ イマス カ。」(2-72) **一人** ノ **生徒** ハ、 スグ **手** ヲ アゲテ **答**エマシタ。

	「四羽 ノコッテ イル ト 思イマス。」
ユックリ	又 一人 ノ 生徒 ハ、ユックリ カ
カンガエテ	ンガエテ 答エマシタ。
	「一羽 モ イマセン。」
笑イナガラ	先生 ハ 笑イ ナガラ イイマシタ。(2-73)
	「ミナサン、ドチラ ガ ヨイ デシヨウ。」
	練習
	一、ツギ ノ コト ヲ オハナシ ナサイ。
	又 文 ニ オカキ ナサイ。
	先生 ハ 何 ト 問イマシタ カ。
	生徒 ハ 何 ト 答エマシタ カ。
	二、ツギ ノ コトバ ヲ オヨミ ナサイ。
	一羽 二羽 三羽 四羽 五羽
十羽	六羽 七羽 八羽 九羽 十羽
	十一羽。
	三、コノ ハナシ ヲ シテ ゴラン ナサイ。
	(2-74)

二十七、タコ

タコ ラ **高**ク アガリマシタ **風** ダイブ **強**イ **糸** ヒイタリ ユルメタリ	**子供** ラ ガ タコ ヲ アゲテ イマス。 タコ ハ、 ソラ ニ、 **高**ク アガリマシタ。 **上** ノ **方** ハ、 **風** ガ ダイブ **強**イ ヨウ デス。 **子供** ガ タコ ノ **糸** ヲ ヒイタリ ユルメタリ シマス。 タコ ガ、 ダンダン **高**ク アガリマス。(2-75)
喜ンデ **歌** **歌**ッテイマス	ミンナ ガ **喜**ンデ、 **歌** ヲ **歌**ッテ イマス。

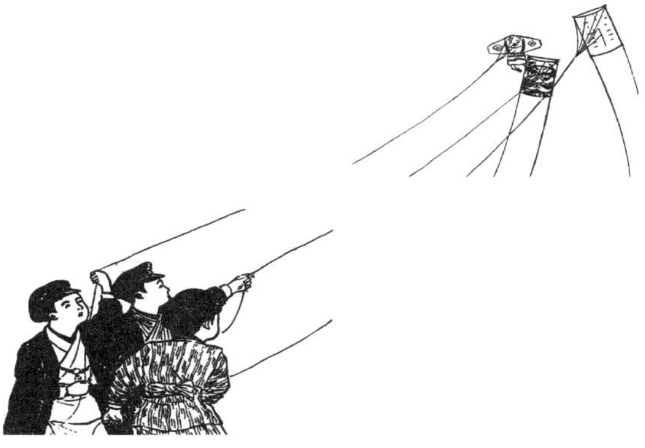

アガレ
ウケテ
雲
天
アレ
サガル
ヒケ
アガル
ハナスナ

タコ　タコ　アガレ。
風　ヨク　ウケテ、
雲　マデ　アガレ。
天　マデ　アガレ。
アレ　アレ、サガル。(2-76)
ヒケ　ヒケ、**糸**　ヲ。
アレ　アレ、アガル。
ハナスナ、**糸**　ヲ。

練習

一、タコ　ハ　ナゼ　**高**ク　アガリマス　カ。
二、タコ　ノ　**歌**　ヲ　ソラデ　イッテ　ゴランナサイ。(2-77)

二十八、エホン

エホン 山田 川上	**山田** ガ、 **川上** ノ ウチ エ、 **遊**ビ ニ **來**マシタ。

コノアイダ イタダキマシタ **見**セテアゲ マショウ キレイナ アア モモタロウ **話** **書**イテアリマス	**川上** 「**私** ハ、 コノアイダ、 オトウサン カラ、 エホン ヲ イタダキマシタ。 アナタ ニ **見**セテ アゲマショウ。」 **山田** 「コレ ハ、 タイソウ、 キレイナ エホン デス ネ。(2-78) アア、 モモタロウ ノ **話** ガ、 **書**イテ アリマス ネ。」

讀ンデゴラ ンナサイ	**川上** 「カシテ　アゲマス　カラ、　ウチ エ　**持**ッテ　**行**ッテ、**讀**ンデ　ゴラ ン　ナサイ。」
カリテ**行**ッテ	**山田**　ハ　ソレ　ヲ　カリテ　**行**ッテ　**讀** ミマシタ。(2-79)

練習

一、**山田**　ト　**川上**　ガ　**話**シタ　コト　ヲ、 イッテ　ゴラン　ナサイ。

二、ツギ　ノ　コトバ　ノ　□　ノ　トコロ 二、**本字**　ヲ　オ**入**レ　ナサイ。

□(ワラ)イ。　□(ツヨ)イ。

□(ト)イ。　□(コタ)エ。

二十九、モモタロウ (一)

ムカシ アル オジイサン オバアサン	ムカシ　アル　トコロ　ニ、オジイサント　オバアサン　ガ　アリマシタ。(2-80) 
センタク **桃** **流**レテ**來**マシタ **持**ッテカエリマシタ	アル　**日**、　オバアサン　ガ **川**　デ　センタク　ヲ　シテ　イル　ト、**大**キナ　**桃**　ガ　一ツ　**流**レテ　**來**マシタ。 オバアサン　ハ　ソレ　ヲ　ヒロッテ、ウチ　エ　**持**ッテ　カエリマシタ。(2-81)

タベヨウ **思**ッテ ワル **男**ノ子 桃太**郎** タイセツニ ソダテマシタ ズンズン ナッテ **力** 强ク	ソウシテ オジイサン ト **二人** デ、タベヨウ ト **思**ッテ、 ソノ **桃** ヲ 二ツニ ワル ト、 **中** カラ、 カワイラシイ **男**ノ**子** ガ **出**マシタ。 **二人** ハ タイソウ **喜**ンデ、 **名** ヲ **桃太郎** ト ツケマシタ。 ソウシテ タイセツニ ソダテマシタ。 **桃太郎** ハ ズンズン **大**キク ナッテ、 (2-82) **力** モ タイソウ **强**ク ナリマシタ。 **練習** ツギ ノ コト ヲ オ**話**シ ナサイ。 **又文** ニ オ**書**キ ナサイ。 オバアサン ハ ドウ シテ **桃** ヲ **見**ツケマシタ カ。 オバアサン ハ ソノ **桃** ヲ ドウ シマシタ カ。 **桃太郎** ハ ドンナニ ナリマシタ カ。(2-83)

三十、モモタロウ（二）

コロ **島** オニ トッテ**行**キマシタ ネガイマシタ オニガ**島** オニセイバツ **行**キトウゴザイマス ドウゾ ヤッテクダサイ	ソノ　コロ、　アル　**島**　ニ、　ワルイ　オニ　ガ　イテ、　タビタビ　**人**　ヲ　トッテ　**行**キマシタ。 **桃太郎**　ハ、　オジイサン　ト　オバアサン　ニ　ネガイマシタ。 「**私**　ハ、　オニガ**島**　エ、　オニセイバツ　ニ　**行**キトウ　ゴザイマス。　ドウゾ　ヤッテ　クダサイ。」(2-84) 

ショウチシマシタ
ウマイ
キビダンゴ
 	
出カケマシタ
猿
雉
 	
オ**供**
	オジイサン モ オバアサン モ、 **喜**ンデ ショウチシマシタ。 ソウシテ オバアサン ハ、 ウマイ キビダンゴ ヲ コシラエテ ヤリマシタ。
	桃太郎 ハ ソノ キビダンゴ ヲ **持**ッテ、オニセイバツ ニ **出**カケマシタ。(2-85)
	ソノ **道** デ、 **犬** ヤ、 **猿** ヤ、 **雉** ニモ、 ソレ ヲ **分**ケテ ヤリマシタカラ、 ミンナ **喜**ンデ、 オ**供** ヲ シテ **行**キマシタ。
	
	練習
	
	ツギ ノ コト ヲ オ**話**シ ナサイ。 **又** **文** ニ オ**書**キ ナサイ。
	  桃太郎 ハ ナゼ オニガ**島** エ **行**キマシタ カ。
	  ダレ ガ **桃太郎** ノ オ**供** ヲ シテ **行**キマシタ カ。(2-86)

三十一、モモタロウ (三)

ツク シメテ	**桃太郎** ガ オニガ**島** エ ツク ト、オニ ドモ ハ **門** ヲ シメテ、**入**レマセン デシタ。
マッサキニ **外** **内** トビコミマシタ	ソノ **時**、**雉** ハ、マッサキニ、**外**カラ **内** エ トビコミマシタ。(2-87)
タタカイ **始**メマシタ ソノウチニ ノリコエテ ツレテ セメコミマシタ	ソウシテ オニ ドモ ト、タタカイ ヲ **始**メマシタ。ソノウチニ **猿** ハ ヘイ ヲ ノリコエテ、**内** カラ **門** ヲ アケマシタ。**桃太郎** ハ **犬** ヲ ツレテ セメコミマシタ。

恐レテ タカラモノ ノコラズ **出**シテ コウサンシマシタ ツンデ	オニ　ドモ　ハ　**恐**レテ、　タカラモノ　ヲ　ノコラズ　**出**シテ　コウサンシマシタ。(2-88) **桃太郎**　ハ　ソレ　ヲ　**車**　ニ　ツンデ、**犬**　ヤ、　**猿**　ヤ、　**雉**　ニ　ヒカセテ、カエッテ　**來**マシタ。
天子サマ サシアゲマシタ ゴホウビ クダサイマシタ **喜**ビマシタ メデタシ	ソウシテ　ソノ　タカラモノ　ヲ、　ノコラズ、　**天子**　サマ　ニ　サシアゲマシタ。 **天子**　サマ　ハ、　**桃太郎**　ニ　ゴホウビ　ヲ　クダサイマシタ。(2-89) オジイサン　モ　オバアサン　モ、　タイソウ　**喜**ビマシタ。 メデタシ　メデタシ。
	練習 一、ツギ　ノ　コト　ヲ　オ**話**シ　ナサイ。 **又**　**文**　ニ　オ**書**キ　ナサイ。 **桃太郎**　ガ　オニガ**島**　エ　ツク　ト、 オニ　ドモ　ハ　ドウ　シマシタ　カ。

	桃太郎 ハ ドウ シテ セメコミマシタ カ。 オニ ドモ ハ ドウ シマシタ カ。(2-90) **桃太郎** ハ ソノ タカラモノ ヲ ドウ シマシタ カ。 二、**桃太郎** ノ **話** ヲ シテ ゴラン ナサイ 。(2-91) **普通學校國語讀本 卷二終**

【附　錄】

一、　**下**(オ)リマシタ。**東**(ヒガシ)。**上**(ノボ)ル。**心**(ココロ)モチ。

二、　**學校**(ガッコウ)。**生徒**(セイト)。**今**(イマ)。**先生**(センセイ)。

三、　**分**(ワ)ケテ。

四、　**月**(ツキ)。**見**(ミ)エマス。

五、　**口**(クチ)。

六、　ホソ**長**(ナガ)イ。**黃色**(キイロ)ナ。**土**(ツチ)。

七、　オ**茶**(チャ)。**入**(イ)レテ。**持**(モ)ッテ。

八、　**何**(ナニ)。**兄**(アニ)。**弟**(オトウト)。

九、　**四方**(シホウ)。**山**(ヤマ)。**兩手**(リョウテ)。**前**(マエ)。**後**(ウシロ)。**西**(ニシ)。**右**(ミギ)。**南**(ミナミ)。**左**(ヒダリ)。**北**(キタ)。　(1)

十、　**杖**(ツエ)。**橋**(ハシ)。**三人**(サンニン)。**一人**(ヒトリ)。**子供**(コドモ)。

十一、　**出**(デ)テ。**來**(キ)タ。**時**(トキ)。**正午**(ショウゴ)。**午前**(ゴゼン)。**後**(ノチ)。**午後**(ゴゴ)。**十二時間**(ジウニジカン)。**何時**(ナンジ)。

十二、　**家**(イエ)。**車**(クルマ)。**馬**(ウマ)。**荷車**(ニグルマ)。ヒカセテ**行**(イ)ク。**米**(コメ)ヤ。

十三、　**福童**(フクドウ)。**二人**(フタリ)。

十四、　**冬**(フユ)。**每日**(マイニチ)。**田**(タ)。**畑**(ハタ)。マッ**白**(シロ)ニ。**枝**(エダ)。**雪**(ユキ)。**感心**(カンシン)ナ。

十五、 作(ツク)リマショウ。炭(スミ)。黑(クロ)ク。

十六、 春(ハル)。生(ウマ)レマシタ。名(ナ)。私(ワタクシ)。庭(ニワ)。又(マタ)。ツイテ來(ク)ル。

十七、 親切(シンセツ)ニ。道(ミチ)。遊(アソ)ンデ。止(トマ)ッテ。早(ハヤ)ク。急(イソ)イデ。

十八、 新年(シンネン)。正月(ショウガツ)。元日(ガンジツ)。年(トシ)。八(ヤッ)ツ。九(ココノ)ツ。門(モン)。立(タ)テマシタ。今日(キョウ)。友(トモ)ダチ。 (2)

十九、 オイワイ日(ビ)。

二十、 宮城(キウジョウ)。東京(トウキョウ)。親(オヤ)。人民(ジンミン)。ゴ恩(オン)。思(オモ)イマス。

二十一、女(オンナ)ノ子(コ)。苦(クル)シミマシタ。

二十二、今月(コンゲツ)。來月(ライゲツ)。十二箇月(ジウニカゲツ)。去年(キョネン)。今年(コンネン・コトシ)。始(ハジ)メテ。

二十三、寒(サム)イ。暖(アタタ)カニ。

二十四、太(フト)クテ。足(アシ)。尾(オ)。短(ミジカ)ク。細(ホソ)ウ。豚(ブタ)。肉(ニク)。皮(カワ)。毛(ケ)。

二十五、洗(アラ)ッテ。着物(キモノ)。知(シ)レマセン。自分(ジブン)。

二十六、問(ト)イマシタ。鳥(トリ)。一羽(イチワ)。何羽(ナンバ)。答(コタ)エマシタ。笑(ワラ)イ。十羽(ジッパ)。

二十七、高(タカ)ク。風(カゼ)。强(ツヨ)イ。糸(イト)。喜(ヨロコ)ンデ。歌(ウタ)。雲(クモ)。天(テン)。

二十八、山田(ヤマダ)。川上(カワカミ)。話(ハナシ)。書(カ)イテ。讀(ヨ)ンデ。

二十九、**桃**(モモ)。**流**(ナガ)レテ。**男**(オトコ)ノ**子**(コ)。**桃太郎**(モモタロウ)。**力**(チカラ)。 (3)

三十、 **島**(シマ)。**猿**(サル)。**雉**(キジ)。オ**供**(トモ)。

三十一、**外**(ソト)。**内**(ウチ)。**恐**(オソ)レテ。**出**(ダ)シテ。**天子**(テンシ)サマ。 (4)

大正二年一月十三日印刷
大正二年一月十五日發行
大正四年十二月二十五日六版

定價金六錢

朝鮮總督府

總務局印刷所印刷

朝鮮総督府編纂

普通學校國語讀本 卷三

第2學年 1學期

朝鮮總督府編纂

普通學校國語讀本 卷三

【緒　言】

一、本書ハ普通學校第二學年前半期ノ國語科教科書ニ充ツルモノナリ。

二、本書ノ各課ハ、其ノ練習ト共ニ、凡ソ三四時間ヲ以テ教授スベキ豫定ナレドモ、教師ハ、便宜、斟酌ヲ加ヘ、生徒ノ能力ニ適セシメンコトヲ圖ルベシ。

三、本書ヲ教授スルニハ、國語ヲ以テ説明ヲ加ヘ、且ツ實物・動作・繪畫等ヲ利用シ、生徒ヲシテ十分ニ其ノ意義ヲ理會セシメ、尙ホ言語或ハ文章ヲ以テ、明瞭ニ之ヲ表出セシムベシ。

四、本書ノ各課ヲ教授スルニハ、本文ノ讀方・解釋等ニ入ル前、必要ニ應ジテ、該課ノ內容ニ關、豫メ國語ニテ問答又ハ説明ヲナスベシ。 (1)

五、新出語ハ總ベテ之ヲ上欄ニ揭ゲ、且ツ新出文字ニハ●點ヲ附シ、讀替文字ニハ一線ヲ附セリ。

六、練習問題ハ、本書ニ揭ダルモノノ外、必要ニ應ジテ、之ヲ補フベシ。

七、教師ハ本書所載ノ言語ヲ授クルヲ以テ足レリトセズ、機ニ臨ンデ之ヲ補ヒ、生徒ノ語彙ヲ富マサンコトヲ務ムベシ。而シテ既ニ授ケタル言語ハ、爾後、絶エズ之ヲ使用セシムベシ。

八、卷末ノ附錄ハ、生徒ヲシテ、豫習・復習ノ際、之ヲ利用セシムベシ。

大正二年一月　　　　朝　鮮　總　督　府　(2)

もくろく

普通學校國語讀本 卷三

第一、木ウエ

第一 木ウエ	
居マス ウエテイル	**山** ニ **人** ガ **大**ゼイ **居**マス。 アレ ハ **木** ヲ ウエテ イル ノ デス。 **子供** モ ウエテ イマス。
や **ま**	ヤマ。(**片假名**) やま。(**平假名**) (3-1)
松 ナエ	**今** ウエテ イル ノ ハ、**松** ノ ナエ デス。

	コノ　ナエ　ハ　マダ　**小**ソウ　ゴザイマス。
	ケレドモ　**後**　ニ、コレ　ガ　**大**キク　ナ
ハヤシ	ル　ト、ハヤシ　ガ　デキル　ノ　デス。
なえ	ナエ。　なえ。
はし	ハヤシ。　はやし。
林 ケシキ	**山**　ニ　**林**　ガ　アレバ、ケシキ　ガ　ヨ
ヒデリ	ロシウ　ゴザイマス。　ソウシテ　ヒデリ
	ガ　シテ　モ、(3-2)
タエマセン	**水**　ガ　タエマセン。**又**　**雨**　ガ　フッテ
大水	モ、**大水**　ガ　**出**マセン。
大切ナ	**林**　ハ　**大切**ナ　モノ　デス。
けき	ケシキ。　けしき。
練習	**練習**
	一、ツギ　ノ　コトバ　ヲ　オ**讀**ミ　ナサイ。
	はな。　はし。　なし。　まえ。
ヒラガナ	二、ヒラガナ　デ、「ヤ」「マ」「ナ」「エ」「ハ」
	「シ」「ケ」「キ」　ト　オ**書**キ　ナサイ。

	三、ヤ、や。　け、は。(**字形比較**) (3-3) **四**、ツギ　ノ　コト　ヲ　オ**話**シ　ナサイ。 ソウシテ　ソレ　ヲ　**文**　ニ　オ**書**キ ナサイ。 **大**ゼイ　ノ　**人**　ガ　**何**　ヲ　シテ　イ マス　カ。 **林**　ノ　**大切**ナ　コト。

第二、ノアソビ

ノアソビ **野原** ハエテ **花** **る** **く** **さ**	**春** ガ **來**テ、**暖**カニ ナリマシタ。 **野原** ニハ クサ ガ ハエテ、**花** ガ サキマシタ。 ハル。 はる。(3-4) クサ。 くさ。 **今** **子供** ガ **野原** エ **遊**ビ ニ **來**マシタ。 

壽男 スミレ	「**壽男**　サン、　アソコ　ニ　スミレ　ノ　**花**　ガ　サイテ　イマス。
オトリナサイ タンポポ	アナタ　ハ　アレ　ヲ　オトリ　ナサイ。**私**　ハ　タンポポ　ヲ　トリマス。」 (3-5)
アチコチト タズネマシタ	**二人**　ハ　**喜**ンデ、アチコチト　**花**　ヲ　タズネマシタ。
貞童	「**貞童**　サン、　ゴラン　ナサイ、　モウ　コンナニ　トリマシタ。」 「ウツクシイ　**花**　デス　ネ。モット　タクサン　トリマショウ。」 ソレカラ　**二人**　ハ、イロイロナ　**花**　ヲ　タクサン　トッテ　カエリマシタ。
のらすみれ	ノハラ。　のはら。(3-6) スミレ　ノ　ハナ。　すみれ　の　はな。

練習

一、ツギ　ノ　コトバ　ヲ　オ讀ミ　ナサイ。

　すみ。　くるま。　やなぎ。

二、ヒラガナ　デ、「ル」「ク」「サ」「ス」「ミ」「レ」「ノ」「ラ」ト　オ書キ　ナサイ。

三、さ、き。　く、し。(字形比較)

四、二人　デ　壽男　ト　貞童　ニ　ナッテ、オ話シ　ナサイ。

五、ツギ　ノ　コト　ヲ　文　ニ　オ作リ　ナサイ。

　野原　ノ　コト。

　壽男　ト　貞童　ノ　コト。(3-7)

第三、ウメ ト サクラ

ウメ サクラ ウツクシウ ゴザイマス **う** **め**	ウメ　ノ　**花**　モ、　サクラ　ノ　**花**　モ、 タイソウ　ウツクシウ　ゴザイマス。 ウメ　ノ　ハナ。 うめ　の　はな。

 ニオイ	ウメ　ノ　**花**　ニハ、　アカイ　ノ　ヤ、 **白**イ　ノ　ガ　アッテ、　タイソウ　ニオイ ガ　ヨロシウ　ゴザイマス。(3-8)

ふ ゆ ち	**冬** ノ ウチ ニ **早**ク サク ノ モ アリマス。 フユ ノ ウチ。 ふゆ の うち。 
タイテイ ウスアカ ワガ 日本 ホド クニ ほ か に	サクラ ノ **花** ハ タイテイ ウスアカ デ、 マコトニ キレイ デ ゴザイマス。 ワガ **日本** ノ サクラ ホド キレイナ ノ ハ、 ホカ ノ クニ ニハ アリマセン。(3-9) ホカ ノ クニ。 ほか の くに。

朝鮮 内地 たくさん	**朝鮮** ニハ、 サクラ ヤ ウメ ハ、 タクサン アリマセン。 ケレドモ **内地** ニハ、 タイテイ ドコ ニモ ウエテ アリマス。 タクサン。 たくさん。
	練習 一、ツギ ノ コトバ ヲ オ**讀**ミ ナサイ。(3-10) かみ。 からす。 うし。 うま。 ほん。すずめ。 二、ヒラガナ デ、「ウ」「メ」「フ」「ユ」「チ」「ホ」「カ」「ニ」「タ」「ン」 ト オ**書**キ ナサイ。 三、カ、か。 う、ら。 は、ほ。 に、た、な。(**字形比較**) **四**、ウメ ノ **花** ノ コト ヲ オ**話**シ ナサイ。 ソウシテ ソレ ヲ **文** ニ オ**書**キ ナサイ。 **五**、サクラ ノ **花** ノ コト ヲ オ**話**シ ナサイ。 ソウシテ ソレ ヲ **文** ニ オ**書**キ ナサイ。

第四、花サカセジジイ (一)

花サカセジジイ	ムカシ　ヨイ　オジイサン　ガ　アリマシタ。(3-11) 
む タモト クワエテ **畑** スミ	**犬**　ヲ　カッテ、**子供**　ノ　ヨウ　ニ　カワイガッテ　イマシタ。 ムカシ。　むかし。 アル　**日**、**犬**　ガ　オジイサン　ノ　タモト　ヲ　クワエテ、　**畑**　ノ　スミ　エ　ツレテ　**行**キマシタ。

ワンワン ホエマシタ ホリマシタ	ソウシテ 「ワンワン」 ト ホエマシタ カラ、 オジイサン ガ ソコ ヲ ホリマシタ。(3-12)
あ **ひ** **い** **ぬ**	アル ヒ。 ある ひ。 イヌ。 いぬ。
スルト オ**金**	スルト オ**金** ヤ **着物** ナド ガ、 タクサン **出**マシタ。 オジイサン ハ タイソウ **喜**ビマシタ。
お **ね**	オカネ。 おかね。
聞イテ ウラヤマシク	トナリ ニ ワルイ オジイサン ガ アリマシタ。 ソレ ヲ **聞**イテ、 ウラヤマシク **思**ッテ、 **犬** ヲ カリテ **行**キマシタ。(3-13)
バカリ オコッテ ウチコロシテシマイマシタ	ソウシテ **畑** ノ スミ エ ツレテ **行**ッテ、 ソコ ヲ ホリマシタ。 ケレドモ キタナイ **物** バカリ タクサン **出**テ、 ヨイ **物** ハ **一**ツ モ **出**マセンデシタ。 オジイサン ハ オコッテ、 **犬** ヲ ウチコロシテ シマイマシタ。
わ	ワルイ。 わるい。

練習

一、ツギ　ノ　コトバ　ヲ　オ**讀**ミ　ナサイ。(3-14)

かわいらしい　いぬ。　いぬ　が　ほえました。

はたけ　の　すみ。

二、ヒラガナ　デ、「ム」「ア」「ヒ」「イ」「ヌ」「オ」「ネ」「ワ」　ト　オ**書**キ　ナサイ。

三、ひ、い。　め、ぬ。　わ、ね、れ。(**字形比較**)

四、ツギ　ノ　コト　ヲ　オ**話**シ　ナサイ。

ヨイ　オジイサン　ハ　ナゼ　**畑**　ヲ　ホリマシタ　カ。

畑　カラ　**何**　ガ　**出**マシタ　カ。

ワルイ　オジイサン　ハ　ドウ　シマシタ　カ。

五、ツギ　ノ　コト　ヲ　**文**　ニ　オ**作**リ　ナサイ。

ヨイ　オジイサン　ノ　コト。(3-15)

ワルイ　オジイサン　ノ　コト。

第五、花サカセジジイ (二)

カナシミマシタ シカタ コロサレタ ウズメテ	ヨイ　オジイサン　ハ　タイソウ　カナシミマシタ　ケレドモ、シカタ　ガ　アリマセン。　コロサレタ　**犬**　ヲ　ウズメテ、ソノ　**上**　ニ、**小**サナ　**松**　ノ　**木**　ヲ　ウエマシタ。
トドク	スルト　ソノ　**松**　ノ　**木**　ガ　ズンズン　**大**キク　ナッテ、**天**　マデ　トドク　ホド　**高**ク　ナリマシタ。(3-16)
そ **つ**	ソノ　マツ　ノ　キ。 その　まつ　の　き。 

キッテ ウス ツキマシタ	ヨイ　オジイサン　ハ　ソノ　**木**　ヲ　キッテ、ウス　ヲ　コシラエマシタ。ソウシテ　ソレ　デ　**米**　ヲ　ツキマシタ。スルト　ソノ　**中**　カラ、オ**金**　ヤ、**着物**　ヤ、イロイロナ　ヨイ　**物**　ガ、タクサン　**出**マシタ。(3-17)
ろ **よ** **も**	イロイロナ　ヨイ　モノ。 いろいろな　よい　もの。
ヤッパリ コワシテ ヤイテシマイマシタ	ワルイ　オジイサン　ガ　マタ　ソノ　ウス　ヲ　カリテ　**行**ッテ、**米**　ヲ　ツキマシタ。スルト　ヤッパリ　キタナイ　**物**　バカリ　**出**マシタ。ワルイ　オジイサン　ハ　マタ　タイソウ　オコッテ、ウス　ヲ　コワシテ、ヤイテ　シマイマシタ。
こ **を**	コメ　ヲ　ツキマシタ。(3-18) こめ　を　つきました。

練習

一、ツギ　ノ　**文**　ヲ　オ**讀**ミ　ナサイ。

ちいさな　まつ　の　き　を　うえました。

よい　おじいさん　が　うす　を　こしらえました。

二、ヒラガナ　デ、「ソ」「ツ」「ロ」「ヨ」「モ」「コ」「ヲ」　ト　オ**書**キ　ナサイ。

三、そ、ろ、る。　ろ、ち。(**字形比較**)

四、ツギ　ノ　コト　ヲ　オ**話**シ　ナサイ。ソウシテ　ソレ　ヲ　**文**　ニ　オ**書**キ　ナサイ。

ヨイ　オジイサン　ノ　シタ　コト

ワルイ　オジイサン　ノ　シタ　コト。

第六、花サカセジジイ (三)

ハイ アツメテ **吹**カレテ カレ木 カカリマシタ **り**	ヨイ　オジイサン　ハ　ソノ　ハイ　ヲ　アツメテ、　ウチ　エ　**持**ッテ　**來**テ　オキマシタ。スルト　ソレ　ガ　**風**　ニ　**吹**カレテ、カレ**木**　ノ　**枝**　ニ　カカリマシタ。ソウシテ　ウツクシイ　**花**　ガ　サキマシタ。 カカリマシタ。　かかりました。(3-20) 
町	ヨイ　オジイサン　ハ　タイソウ　**喜**ンデ、ソノ　ハイ　ヲ　**町**　エ　**持**ッテ　**行**ッテ、

大勢 クレマシタ	花 ヲ サカセテ、大勢 ノ 人 ニ 見セマシタ。人 ガ オモシロガッテ、オ金 ナド ヲ タクサン クレマシタ。
せ	ミセマシタ。 みせました。
マキマシタ	ワルイ オジイサン ハ ソレ ヲ 聞イテ、(3-21) ノコッテ イタ ハイ ヲ アツメテ、町 エ 持ッテ 行キマシタ。ソウシテ 人 ガ タクサン 居ル トコロ デ マキマシタ。
と	トコロ。 ところ。

	ケレドモ　**花**　ハ　サカナイデ、　ハイ　ガ
	人　ノ　**目**　ニ　ハイリマシタ。　ミンナ
タイヘン	ガ　タイヘン　オコッテ、(3-22)
ヤクニン	ワルイ　オジイサン　ヲ　ヤクニン　ノ
	トコロ　エ　ツレテ　**行**キマシタ。　ヤクニ
シバリマシタ	ン　ハ　オジイサン　ヲ　シバリマシタ。
へ	タイヘン。　たいへん。
て	オコッテ。　おこって。
	練習
	一、ツギ　ノ　コトバ　ヲ　オ**讀**ミ　ナサイ。
	とり。　せみ。　へい。　てぬぐい。
	はな　は　さかないで、　はい　が　ひと
	の　め　に　はいりました。　みんな　が
	たいへん　おこって、(3-23)
	わるい　おじいさん　を　やくにん　の
	ところ　え　つれて　いきました。

	二、ヒラガナ　デ、「リ」「セ」「ト」「ヘ」「テ」ト　オ**書**キ　ナサイ。 三、へ、へ。　リ、り。　セ、せ。　へ、て。 **(字形比較)** **四**、ツギ　ノ　コト　ヲ　オ**話**シ　ナサイ。 ヨイ　オジイサン　ハ　ドウ　シテ　**花**ヲ　サカセマシタ　カ。 ヤクニン　ハ　ナゼ　ワルイ　オジイサン　ヲ　シバリマシタ　カ。 **五**、ヨイ　オジイサン　ガ　**町**　デ　シタ　コト　ヲ、**文**　ニ　オ**作**リ　ナサイ。(3-24) 六、**花**サカセジジイ　ノ　**話**　ヲ　シテ　ゴラン　ナサイ。

第七、かたかな と ひらがな

かたかな 一年生 **習**いました	みなさん は、 **一年生** の **時** に、 かたかな を **習**いました。
習い始めて おえました	**二年生** に なって から、 ひらがな を **習い始**めて、 **今** おえました。
次 **平假**名 五十**音圖**	みなさん、 **次** に **書**いて ある **平假名** の **五十音圖** を **讀**んで、 それ を そらで お**書**き なさい。(3-25) それ が できる と、 **平假名** を みんな おぼえた の です。
片假名 片**假**名文 平假名文	**片假名** ばかり で **書**いた **文** は、 **片假名文** で、 **平假名** ばかり で **書**いた の は、 **平假名文** です。
まぜて**書**いた 片假名**交**り文 平假名交り文	それから **本字** に **片假名** を まぜて **書**いた の は、 **片假名交り文** で、 **平假名** を まぜて **書**いた の は、 **平假名交り文** です。(3-26)

多く
學びました

みなさん　は、**今**　まで、　**片假名文**　や　**片假名交り文**　を、**多く**　**學**びました。これから　は　**平假名交り文**　も　**學**ぶ　の　です。(3-27)

平假名

五十音圖

あ	か	さ	た	な
い	き	し	ち	に
う	く	す	つ	ぬ
え	け	せ	て	ね
お	こ	そ	と	の

が	ざ	だ
ぎ	じ	ぢ
ぐ	ず	づ
げ	ぜ	で
ご	ぞ	ど

は	ま	や	ら	わ	ん
ひ	み	い	り	(ゐ)	
ふ	む	ゆ	る	う	
へ	め	え	れ	(ゑ)	
ほ	も	よ	ろ	を	

ば	ぱ
び	ぴ
ぶ	ぷ
べ	ぺ
ぼ	ぽ

練習

一、**平假名** の **五十音圖** を そらで お**書**き なさい。(3-28)

二、**片假名文**　**平假名文**　**片假名交**り**文**　**平假名交**り**文** とは、 どんな もの です か。

第八、こい

皆さん	**皆**さん は こい を **見**た こと が ありましょう。
鯉 金色 おびています 兩わき **頭** うろこ **正**しく	**鯉** には、 **黒**い の や、 あかい の が あって、 **皆** **金色** を おびて います。 からだ の **兩わき** には、 **頭** から **尾** まで、(3-29) うろこ が **三十六**まい づつ **正**しく ならんで います。

ひげ **池** すんでいます いせい **魚** はねあがって **蟲** とって**食**います たき上り	そうして **目** は **大**きくて、**口** の **右** **左** には、**太**い ひげ が あります。 **鯉** は、**池** にも **川** にも、すんでいます。いせい の よい **魚** で、**水** の **上** え はねあがって、(3-30) **蟲** など を とって **食**います。 **又** **流** の **早**い **川** でも、およいで **上**ります。**鯉** の たき**上**り と いって、たき でも およいで **上**る こと が ある そう です。 **練習** 一、**鯉** の **色** と **形** を お**話**し なさい。そうして それ を **文** に お**書**き なさい。(3-31) 二、**鯉** の いせい の よい こと を お**話**し なさい。そうして それ を **文** に お**書**き なさい。 三、**鯉** の こと を お**話**し なさい。

第九、日 の かぞえかた

土曜日
ひる
ごろ
母

土曜日 の ひる ごろ、**太郎** は **學校** から かえって **來**て、**母** に あいさつ を しました。

母 は

「おまえ は、**今日** **學校** で、**何** を **習**いました か。」(3-32)

と ききました。

めんどうでした	**太郎** は 「**今日** は **日** の かぞえかた を **習**い ました が、**大**そう めんどう でした。」 と **答**えました。
	母 は **又** 「おまえ は それ を よく おぼえました か、いって ごらん なさい。」(3-33)
そこで **指** **折**りながら はっきり いちにち ふつか みっか よっか いつか むいか なぬか ようか ここのか とうか じういちにち じうににち じうさんにち じうよっか じうごにち	と いいました。そこで **太郎** は **指** を **折**り ながら、**大**きな こえ で、**次** の よう に はっきり いいました。 いちにち　ふつか　みっか よっか　いつか　むいか なぬか　ようか　ここのか とうか　じういちにち じうににち　じうさんにち (3-34) じうよっか　じうごにち

	ここ　まで　いう　と、**母**　が
	「もう　それ　で　よろしい。**今**　**一**つ、
じうくにち	じうくにち　の　**次**　を　いって　ごらん
	なさい。」
	と　いいました。**太郎**　は　すぐ
	「それ　は　にじうにち　と　いわないで
はつか	はつか　と　いう　の　です。」
	と　**答**えました。(3-35)
	太郎　が　よく　おぼえて　いました　から、**母**　は　**大**そう　ほめました。
	練習
	一、**母**　と　**太郎**　が　いった　こと　を　お**話**し　なさい。
	二、いちにち　から　さんじういちにち　まで、かぞえて　ごらん　なさい。そうして　それ　を　**本字**　で　お**書**き　なさい。

第十、たけ

たけ **竹** **筆** しく **骨** こしらえま すし さいく つかいます	**竹** は **筆** の じく や、すだれ や、(3-36) たこ の **骨** など に こしらえますし、 その ほか いろいろな さいく にも つかいます。 

柱	**大**きな **竹** には、**家** の **柱** にも なる の が あります。(3-37)
たけのこ 地 せい のびて じきに **親竹**	たけのこ は **地** から **頭** を **出**して、すこし たつ と、**子供** の せい ほど に なります。 それから ずんずん のびて、じきに **親竹** ほど に なります。 たけのこ は たべられます が、**大**きく なれば たべられません。
青青と	**竹** は **青青**と して、まことに うつくしい もの です。(3-38)
臺灣 すくのうございます そだつ	**内地** や **臺灣** には、**竹** は たくさん あります。 **朝鮮** には すくのう ございます。 けれども、**南** の **方** には、よく そだつ ところ も あります。
	練習 一、**次** の こと を お**話**し なさい。 そうして それ を **文** に お**書**き なさい。

きへん てへん	竹 では どんな 物 を こしらえます か。 たけのこ は どんな もの です か。 竹 は どこ に あります か。(3-39) 二、きへん(木) の 字 と てへん(扌) の 字 を、知って いる だけ、お書き なさい。 三、たけのこ の 話 を して ごらん なさい。

第十一、ものさし

ものさし	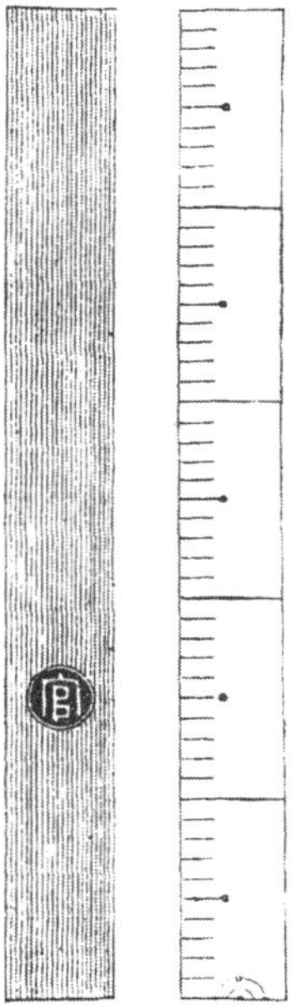
長さ **一尺** 半分 しか かね尺 くじら尺	ここ に ものさし が あります。(3-40) **長**さ は **一尺** です が、 ここ には 半**分** しか **見**えて いません。 これ は かね**尺** と いう の です が、 この ほか に くじら**尺** と いう の も あります。

細かに **目盛**	ものさし　には　**細**かに　**目盛**　が　して　あります。それで　**物**　の　**長**さ　が　わかる　の　です。
はかる もと **十倍** **一丈** 十分 **一寸** **一分** **一厘**	**物**　の　**長**さ　を　はかる　には、**一尺**　を　もと　と　します。そうして　**一尺**　の　**十倍**　は　**一丈**、(3-41) **一尺**　の　**十分**　の　**一**　は　**一寸**、**一寸**　の　**十分**　の　**一**　は　**一分**、**一分**　の　**十分**　の　**一**　は　**一厘**　デス。 かね**尺**　は　くじら**尺**　より　**短**くて、その　**一尺**　は　ちょうど　くじら**尺**　の　**八寸**　に　あたります。
あたります **反物**	**反物**　の　**長**さ　を　はかる　には、くじら**尺**　を　つかいます　が、ほか　の　**物**　は　**何**　でも　かね**尺**　で　はかります。(3-42) ものさし　は　**大切**な　**物**　で、すこし　の　ちがい　が　あって　も　なりません　から、**誰**　でも　かってに　**作**る　こと　は　できません。
誰 かってに	

やくしょ しるし きをつけて	**正**しい　の　には、やくしょ　で　つけた　しるし　が　あります。き　を　つけて、その　しるし　を　ごらん　なさい。
机 **幅**	**皆**さん、ものさし　で　**机**　の　**長**さ　と　**幅**　を　はかって、**何尺何寸何分**　ある　か、いって　ごらん　なさい。(3-43)
	練習
	一、**次**　の　こと　を　お**話**し　なさい。そうして　それ　を　**文**　に　お**書**き　なさい。 **一分**　は　**一厘**　の　**何倍**　です　か。 **一寸**　は　**一分**　の　**何倍**　です　か。 **正**しい　ものさし　は　どう　して　わかります　か。
	二、**次**　の　□　の　ところ　に、**字**　を　お**入**れ　なさい。 **一尺**　の　□□　□　□　は　**一寸**　です。 **一厘**　の　□□　は　**一尺**　です。
	三、かね**尺**　と　くじら**尺**　の　**長**さ　は、どう　ちがいます　か。(3-44)
もちいかた	四、かね**尺**　と　くじら**尺**　の　もちいかた　は、どう　ちがいます　か。

第十二、なつ

なつ
夏
ひとえ物
着ています
晝
夜
農家
いそがしう
ございます

夏 が **來**ました。**人** は もう ひとえ**物** を **着**て います。
晝 が **長**く なって、**夜** が **短**く なりました。
農家 では **大**そう いそがしう ございます。(3-45)

麥
刈らなけれ
ばなりません
田うえ

麥 も **刈**らなければ なりません。**田**うえ も **始**めなければ なりません。

はたらきます 休んでいる	男 も 女 も、田 や 畑 え 出て はたらきます。雨 が ふって も、うち に 休んで いる こと は できません。 **練習** 一、次 の こと を お話し なさい。そうして それ を 文 に お書き なさい。(3-46) 　夏 の 着物。 　夏 の 晝 と 夜 　夏 の いそがしい こと。 二、次 の 文 を お讀み なさい。 　畑 に はたらいて いる 人 が あります。あれ は 麥 を 刈って いる の です。誰 も 休んで は いません。

第十三、ほたる

ほたる **時節**	ほたる　の　とぶ　**時節**　に　なりました。(3-47) 
螢	**兄** は **弟** を つれて、**川** の **方** え、ほたる を とり に **行**きました。 あちら　にも、こちら　にも、**螢**　が　とんで　います。

	二人　は
來い	「螢　來い。　螢　來い。(3-48)
あっち	あっち　の　水　は　苦いぞ。
苦いぞ	こっち　の　水　は　甘いぞ。」
こっち 甘いぞ おっかけて 行きました	と　歌い　ながら、螢　を　おっかけて　行きました。
かご	そうして　とった　螢　を　かご　に　入れて、うち　え　持って　かえりました。
やがて	二人　は　それ　を　もって、喜んで　遊んで　いました。やがて　母　は
放してやり なさい	「もう　螢　を　放して　やり　なさい。」 と　いいました。(3-49)
	二人　は　その　螢　を　みんな　外　え　放しました。
	練習
	一、次　の　こと　を　お話し　なさい。又　文　に　お書き　なさい。

	兄 は **何** を しました か。 **二人** は どんな **歌** を **歌**いました か。 とった **螢** を どう しました か。
ひへん	二、ひへん(**日**) の **字** を、**知**って いる だけ、 お**書**き なさい。(3-50)
	三、**次** の ことば を お**讀**み なさい。 **苦**い **水**。 **苦**しそうな かお。 **早**く **來**い。 とんで **來**た。
	四、**次** の 「いろは」 を よく **習**って、 そらで お**書**き なさい。 い(イ) ろ(ロ) は(ハ) に(ニ) ほ(ホ) へ(ヘ) と(ト) ち(チ) り(リ) ぬ(ヌ) る(ル) を(ヲ) わ(ワ) か(カ) よ(ヨ) た(タ) れ(レ) そ(ソ) つ(ツ) ね(ネ) な(ナ) ら(ラ) む(ム) う(ウ) ゐ(ヰ) の(ノ) お(オ) く(ク) や(ヤ) ま(マ) け(ケ) ふ(フ) こ(コ) え(エ) て(テ) あ(ア) さ(サ) き(キ) ゆ(ユ) め(メ) み(ミ) し(シ) ゑ(ヱ) ひ(ヒ) も(モ) せ(セ) す(ス) ん(ン) (3-51)

第十四、こうま

こうま はいしい	一、はいしい、 はいしい、
あゆめ	あゆめ　よ
小馬	**小馬**。
	山　でも、
さか	さか　でも、
	ずんずん　あゆめ。
すすめば	おまえ　が　すすめば、(3-52)

わたし	わたし　も　すすむ。
	あゆめ　よ、　あゆめ　よ、
足おと	**足**おと　たかく。
ぱかぱか	二、ぱか　ぱか、　ぱか　ぱか、
走れ	**走**れ　よ　**小馬**。
	けれども　いそいで
つまずく	つまずく　まいぞ。
まいぞ	
ころべば	おまえ　が　ころべば、
	わたし　も　ころぶ。(3-53)
	走れ　よ、　**走**れ　よ、
	ころばぬ　よう　に。
	練習
	一、「**小馬**」　の　**歌**　を　そらで　いって　ごらん　なさい。
わけ	二、**歌**　の　わけ　を　お**話**し　なさい。

第十五、田うえ

田植	**雨** が ふって、**田** の **水** が ふえました から、**人人** が **喜**んで、**田植** を **始**めました。(3-54)

忙しそう かきならしている なわしろ **苗**	ごらん なさい、**大**そう **忙**しそう では ありません か。 **馬** を つかって、**田** を かきならして いる **人** も あります。なわしろ で **苗** を とって いる **人** も あります。(3-55)

はこんで なげ**入**れて います しきりに **植**えつけて います **笠** かぶって たすき かけています そろえて	**子供** は その **苗** を はこんで、 **田** の **中** え なげ**入**れて います。 **女** は しきりに **苗** を **植**えつけて います。 **皆** まるい **笠** を かぶって、 **赤**い たすき を かけて います。 そうして こえ を そろえて、 **歌** を **歌**って います。 あの **歌** を おきき なさい。
ほうねん ほ 小ぐさ なる	ことし は ほうねん (3-56) ほ に ほ が さいて、 みち の **小**ぐさ も **米** が なる。
今に 一面に しき物 しいた 秋 とれましょう	**今**に あの **苗** が のびたら、 **田**が **一面**に **青**い しき**物** を しいた よう に なる でしょう。 そうして **秋** に なったら、 よい **米** が たくさん とれましょう。

練習

くさかんむり たけかんむり	一、次 の こと を お話し なさい。(3-57) そうして それ を 文 に お書き なさい。 どんな こと を して いる 人 が ありますか。 女 は どんな 歌 を 歌って います か。 あの 苗 は 今 に どう なる でしょう か。 二、次 の 文 を お讀み なさい。 田植 が 始って、大そう 忙しう ございます。 夏 に 田植 を して、秋 に いね を 刈ります。 三、くさかんむり(艹) の 字 と、たけかんむり(竹) の 字 を、知って いる だけ、お書き なさい。(3-58)

第十六、山 ノ 上 ノ ナガメ

ナガメ	ココ カラ **下** ノ **方** ガ ヨク **見**エマス。
	私 ドモ ノ **町** ハ アレ デス。**家** ガ **小**サク ナッテ **見**エマス。
ウミ **廣**イ 先	ウミ ハ **大**ソウ **廣**イ カラ、**先** ハ ヨク **見**えマセン。
海 **船** ミナト	**海** ノ **中** ニハ **島** ガ **見**エマス。**船** ガ ミナト ニ ハイッテ イマス。(3-59)
汽船 ケムリ	**汽船** ハ ケムリ ヲ アゲテ イマス。
オビ	**川** ガ **細長**ク オビ ノ ヨウ ニ ナッテ、**海** エ **流**レテ イマス。

ミズウミ **流**レコミマス フモト ツヅイテ	ミズウミ　ノ　**水**　ハ　**川**　エ　**流**レコミマス。 **山**　ノ　フモト　ニハ　**林**　ガ　アリ、**林**　ニ　ツヅイテ、(3-60) **野原**　ガ　アリマス。ソウシテ　**又**　**野原**　ニ　ツヅイテ、**田畑**　ガ　アリマス。 ヨイ　ケシキ　デハ　アリマセン　カ。
	練習 **次**　ノ　コト　ヲ　オ**話**シ　ナサイ。**又**　**文**　ニ　オ**書**キ　ナサイ。(3-61) **二人**　ノ　**子供**　ハ　ドコ　ニ　**居**マス　カ。

ソコ　カラ　**何**　ガ　**見**エマス　カ。

家　ヤ　**川**　ハ　ドウ　ナッテ　**見**エマス　カ。

海　ト　ミズウミ　ハ　ドウ　チガイマス　カ。

島　ハ　ドンナ　モノ　デス　カ。

ミナト　ハ　ドンナ　トコロ　デス　カ。

第十七、地圖 ノ 見カタ

地圖 見カタ 方角	**皆**サン、 **地圖** ノ **見**カタ ヲ **知**ッテイマス カ。 **地圖** ヲ **見**ル ニハ、 **方角** ヲ **知**ラナケレバ ナリマセン。(3-62)
	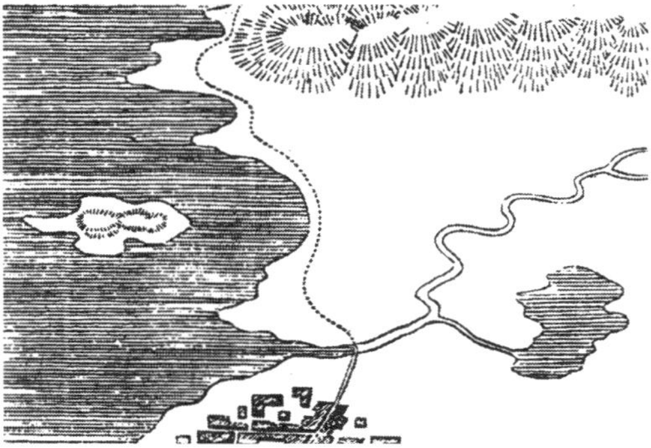
湖	**地圖** デハ **上** ノ **方** ガ **北** デ、 **下** ノ **方** ガ **南** デス。 ソウシテ **右** ガ **東** デ、 **左** ガ **西** デス。 コノ **圖** ノ **北** ニ アル ノ ハ **山** デ、 **南** ニ アル ノ ハ **湖**、 **西** ニ アル ノ ハ **海** デス。(3-63)

港 岸 考エテゴランナサイ	ソウシテ　**海**　ノ　**中**　ニ　アル　ノ　ハ　**島**　デ、**港**　ノ　**岸**　ニ　アル　ノ　ハ　**町**　デス。 コレ　ハ　ドコ　ヲ　カイタ　**地圖**　デショウ。**考**エテ　ゴラン　ナサイ。 **練習** 一、**次**　ノ　コト　ニ　オ**答**エ　ナサイ。 　**地圖**　ノ　**方角**　ハ　ドウ　ナッテ　イマス　カ。 　コノ　**圖**　デ、**北**　ト、**南**　ト、**西**　ニハ、**何**　ガ　アリマス　カ。(3-64) 　コノ　**圖**　デ、**島**　ト　**町**　ハ、ドコ　ニ　アリマス　カ。 二、**今**　**話**シタ　コト　ヲ　**文**　ニ　オ**書**キ　ナサイ。

第十八、すいえい

すいえい 泳いでいます 濱 遠く 深く 泳げる 所 近い	人 が 大勢 海 で 泳いで います。 子供 は 濱 で 遊んで います。 濱 から だんだん 遠く なる と、海 が だんだん 深く なります。(3-65) よく 泳げる 人 は、濱 から 遠い 所 で 泳いで います。まだ よく 泳げない 人 は、濱 に 近い 所 に 居ます。 

淺い	濱 に 近い 所 は 淺い から、 あぶ ない こと は ありません。 遠い 所 は 深い から、 よく 泳げない 人 は 行って は なりません。(3-66)
上手に	よく けいこする と、 だんだん 上手 に なって 深い 所 でも 泳げる よう に なります。
	又 川 で 泳ぐ の も よろしう ご ざいます。 けれども よく き を つけ て、 あぶない 所 え 行かない よう に しなければ なりません。
水泳 ためになります	水泳 は 大そう からだ の ため に なります。(3-67)
溺れません それだから	又 これ が できれば、 水 に 溺れま せん。 それだから 夏 に なる と、 人 が 多く これ を けいこします。

練習

一、次 の こと を お話し なさい。又 文 に お書き なさい。

よく 泳げる 人 は、どこ に 居ます か。

よく 泳げない 人 は、どこ に 居ます か。

二、海 や 川 で 泳ぐ 時 の こころえ を お話し なさい。

三、次 の 文 の □ の 所 に、字 を お入れ なさい。(3-68)

濱 から □□ 所 は、深い の です。

けいこする と、□□に なります。

第十九、だいにっぽんていこく

だいにっぽんていこく **我**が 大日本**帝國**	これ は **我**が **大日本帝國** の **地圖** です。 ごらん なさい、 **多**く の **島**
半島	が あります。 **又** 一つ の 半**島** が あります。
中	**島** の **中** で、 一ばん **大**きい の が
本**州**	**本州** で、 その **北** に ある の が
北海道	**北海道**、(3-69)

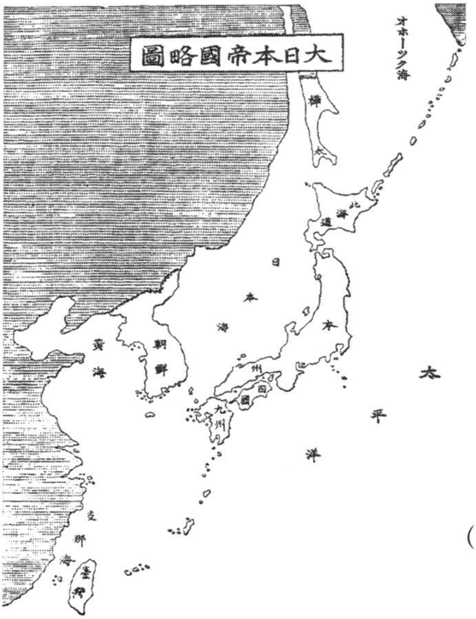

(3-70)

四國 九州 ずっと 樺太 陸 國 まわり 太平洋 日本海 黃海 オホーツク海 支那海 氣候 土地 こえていて 產物 景色	**南** に ある の が **四國** と **九州** です。 **臺灣** は ずっと **南** の **方** の **島** で、 **樺太**(からふと) は **北海道** の **北** に ある **島** です。 **朝鮮** は **一方** だけ **陸** に つづいて いる から、 半**島** です。 そうして **南** の はし から、 **内地** えは **近**う ございます。 **我**が **國** の まわり には、(3-71) **太平洋** **日本海** **黃海** オホーツク**海** **支那海** など が あります。 **我**が **國** は どこ でも たいてい **氣候** が よく、 **土地** が こえて いて、 **產物** も **多**く、 **又** **景色** の よい **所** も たくさん あります。 **練習** 一、**次** の こと を お**話**し なさい。

	我が 國 の 大きな 島 や、 半島 の 名 を いって ごらん なさい。(3-72) 我が 國 の まわり には、 どんな 海 が ありますか。 我が 國 の 氣候 や、 土地 や、 產物 や、 景色 は、 どう です か。 二、前 に 話した こと を 文 に お書き なさい。

第二十、めいぢてんのう

めいぢてんのう **明治**天**皇** 今上天皇**陛**下 **御父君**	**明治天皇** は **今上天皇陛下** の **御父君** で ございます。
間 御**位** あらせられまして 盛んに	**四十六年** の **間**、**御位** に あらせられまして、(3-73) **我**が **國** を **今** の よう に **盛**んに なさいました。
われ 國民 御恩	われ ら **國民** は、その **御恩** を まことに ありがたく **思**って います。
重い 御**病**氣 おかかりになりました しんぱい ねっしんに いのりました	ところが **明治四十五年** の **七月** に、**重**い **御病氣** に おかかり に なりました。**國民** は たいそう しんぱい いたしまして、**早**く おなおり に なる よう に ねっしんに いのりました。(3-74)
かいがなくて **同**じ とうとう おかくれになりました 父母 なくした	けれども その かい が なくて、**同**じ **月** の **三十日** に、とうとう おかくれ に なりました ので、**國民** は **皆** **父母** を なくした よう に かなしみました。

宮中 お**祭** 明治天皇祭	**明治天皇** の おかくれ に なりました **日**には、 **毎年** **宮中** で お**祭** が ございまして これ を **明治天皇祭** と **申**します。この **日** は、 どこ の うち でも、 **日**の まる の はた を **立**てます。(3-75) われ ら は **明治天皇** の **御恩** を、 いつ まで も、 わすれて は なりません。 **練習** 一、**明治天皇** の **御**こと を お**話**し なさい。 二、**明治天皇** の **御病氣** の **時** の こと を お**話**し なさい。 三、**明治天皇祭** の こと を お**話**し なさい。

第二十一、お花

そうじして ごみ すてようとしました	お**花** が **庭** を そうじして、(3-76) その ごみ を **道** に すてよう と しました。

止めて	お**花** の **母** が これ を **止**めて いいました。 「ごみ を **道** に すてて は いけません。**道** が きたなく なります。」

ごみだめ 決して 棄てませんでした 石 ぼうきれ かたずけました 近所	お花 は 母 の いう こと を きいて、 その ごみ を ごみだめ に 入れました。(3-77) それから お花 は、 決して、 ごみ など を 道 に 棄てません でした。 そうして 道 に 石 や ぼうきれ など が あると、 それ を かたずけました。 母 は お花 を ほめました。 近所 の 人 も、 道 に ごみ など を 棄てない よう に なりました。 それから 道 が 大そう きれいに なりました。(3-78) **練習** 一、次 の 文 を お讀み なさい。 お花 が 本 を かたずけました。 お花 が 本 を かたずけて います。 お花 が 本 を かたずける でしょう。 二、お花 は どんな こと を しましたか。 それ を お話し なさい。 又 文 に お書き なさい。

第二十二、テンチョウセツ

テンチョウセツ 天長節	**八月三十一日** ハ **天長節** デ ゴザイマス。(3-79)
	今上天皇陛下 ノ オ**生**レ ニ ナッタ オメデタイ **日** デ ゴザイマス カラ、ドコ
國**旗**	ノ ウチ デモ、**國旗** ヲ **立**テマス。
天長節**祝**日 オ祝	**十月三十一日** ハ **天長節祝日** デ、**天長節** ノ オ**祝** ヲ スル **日** デ ゴザイマス。
式	コノ **日** ニハ、**日本中**、オ**祝** ヲ シナイ トコロ ハ アリマセン。**學校** デハ **式** ガ アッテ、**先生** モ **生徒** モ、イッ
君ガヨ **勅語**	ショニ、**君**ガヨ ノ **歌** ヲ **歌**イ、(3-80) **先生** ハ **勅語** ヲ オ**讀**ミ ニ ナリマス。**又** **天長節** ノ **歌** モ **歌**イマス。ソウシテ **先生** ハ、**今上天皇陛下** ノ **御恩** ノ アリガタイ コト ヲ、オ**話**シ ニ ナリマス。

練習

一、**天長節** トハ **何** デス カ。

天長節祝日 トハ **何** デス カ。

二、**天長節祝日** ニハ、**學校** デ ドンナ コト ヲ シマス カ。ソレ ヲ **文** ニ オ**作**リ ナサイ。(3-81)

第二十三、ヤクショ (一)

	弟「ニイサン、 アレ ハ **大**キナ **家** デス
	ネ。 **何** ト イウ **人** ノ **家** デス カ。」
郡廳	兄「アレ ハ **郡廳** ト イウ **役所** デ
役所	ス。 **門** ノ **札** ニ ソウ **書**イテ
札	アリマス。」(3-82)
	弟「**郡廳** ト イウ ノ ハ **何** デス
	カ。」
治メル	兄「**郡廳** ハ **人民** ヲ **治**メル **所** デ
役人	ス。 ソコ ニハ **役人** ガ **居**テ、
	イロイロ **人民** ノ タメ ニ ナル
	コト ヲ シテ クレマス。」

用	**弟**「ニイサン、 **今** **郡廳** エ ハイル **人** ガ アリマス。 **又** **出**テ **來**ル **人** モ アリマス。 アレ ハ **何** ヲ スル ノ デショウカ。」(3-83) **兄**「ハイル **人** ハ、 **郡廳** ニ **何** カ **用** ガ アル ノ デショウ。 カエル **人** ハ、 **用** ガ スンダ ノ デショウ。」 **練習** 一、**弟** ガ **兄** ニ イッタ コト ト、 **兄** ガ **弟** ニ イッタ コト ヲ オ**話**シナサイ。 二、**郡廳** ハ **何** ヲ スル **所** デス カ。 ソレ ヲ **文** ニ オ**作**リ ナサイ。(3-84)

第二十四、ヤクショ（二）

	弟「**郡廳** ノ トナリ ハ **何** デス カ。」
憲兵分遣所	兄「アレ ハ **憲兵分遣所** デス。」
	弟「**憲兵分遣所** ト イウ ノ ハ **何** デス カ。」
	兄「ソレ ハ **憲兵** ノ **居**ル **所** デス。
巡査	**憲兵** ハ、**巡査** ト **同**ジ ヨウ ニ、
保護シテクレマス	**人民** ヲ **保護**シテ クレマス。**憲兵** ヤ
ワルモノ	**巡査** ノ オカゲ デ、ワルモノ ナド ハ **居**ナク ナル ノ デス。」(3-85)
	弟「**憲兵分遣所** ニハ **巡査** モ **居**マス カ。」
	兄「**巡査** ハ **憲兵分遣所** ニハ **居**マセ
警察署	ン。**警察署** ニ **居**マス。」
	弟「**警察署** ハ ドコ ニ アリマス カ。」
外	兄「ココ ニハ アリマセン。**外** ノ **所** ニ アリマス。**郡廳** ヤ、**憲兵分遣所** ヤ、**警察署** ナド ノ **役所** ハ、**皆**

命令 守ラナケレバ ナリマセン 無禮	人民 ノ タメ ニ ナル コト ヲ シテ クレル ノ デス。(3-86) 誰 デモ 役所 ノ 命令 ハ、ヨク 守ラナケレバ ナリマセン。 又 役人 ニモ 無禮 ヲ シテ ハ ナリマセン。」 **練習** 一、弟 ガ 兄 ニ イッタ コト ト、兄 ガ 弟 ニ イッタ コト ヲ オ話シナサイ。 二、警察署 ノ コト ト、憲兵分遣所 ノ コト ヲ 文 ニ オ作リ ナサイ。 三、次 ノ コトバ ヲ 本字 デ オ書キ ナサイ。(3-87) ヤクニン。 ヤクショ。 ジュンサ。 ケンペイ。 グンチョウ。 ケイサツショ。 ケンペイブンケンショ。

第二十五、トケイ

時刻 キメテ ヤメタリ 止メタリ 時計 入用デス 見方	**學校** デハ **時刻** ヲ キメテ、ケイコ ヲ **始**メタリ、ヤメタリ シマス。**役所** デモ **時刻** ヲ キメテ、シゴト ヲ **始**メタリ、**止**メタリ シマス。**時刻** ヲ キメル コトハ、マコトニ **大切** デス。(3-88) ソウシテ **時刻** ヲ キメル ニハ、**時計** ガ **入用** デス。**皆**サン、**時計** ノ **見方** ガ ワカリマス カ。 Ⅰ Ⅱ Ⅲ Ⅲ Ⅴ Ⅵ Ⅶ Ⅷ Ⅸ Ⅹ Ⅺ Ⅻ 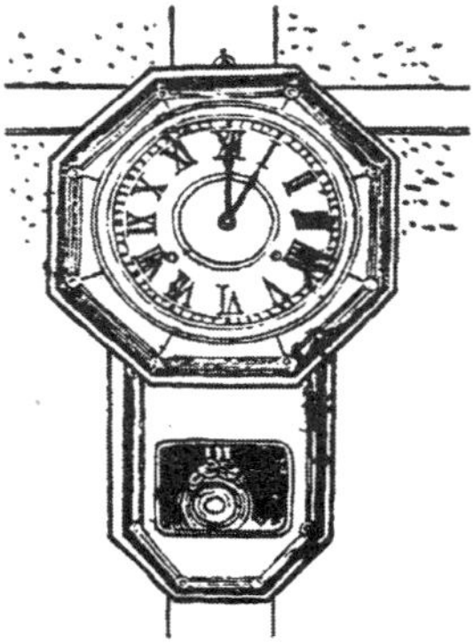

	時計 ニハ **字** ガ **十二** **書**イテ アリマス。ソレ ハ **一** カラ **十二** マデ **書**イテ アル ノ デス。ソノ **字** ヲ **讀**ンデ ゴラン ナサイ。(3-89)
長**針** 短針	**又** **時計** ニハ **長針** ト **短針** ガ アッテ、**字** ヲ サシマス。
カチカチ キカイ **動**ク 音 針	「カチカチ カチカチ」ト イウ ノ ハ、キカイ ガ **動**ク **音** デス。 キカイ ノ ハタラキ デ、**針** ガ マワッテ、**時刻** ガ ワカル ノ デス。 **長針** ガ **一**ペン マワル ト、**一時間** デス。
六十分	**一時間** ハ **六十分** デス カラ、(3-90) **長針** ガ **字** カラ **字** マデ ノ **間** ヲ **動**ク **時間** ハ、**五分** ヅツ デス。 **長針** ガ **一**ペン マワル **中** ニ、**短針** ハ **字** カラ **字** マデ ノ **間** シカ **動**キマセン。**長針** ガ **五分** デ **動**ク **所** ヲ、
カカルノデス	**短針** ハ **一時間** カカル ノ デス。

XII I VI II	**長針** ガ XII ヲ サシテ、**短針** ガ I ヲ サス トキ ハ、**一時** デス。**長針** ガ VI ヲ サシテ、**短針** ガ I ト II ノ マン**中** ヲ サス トキ ハ、(3-91) **一時三十分** デス。 コウ シテ **時刻** ヲ **見**ル ノ デス。 **練習** 一、ナゼ **時計** ハ **入用** デス カ。ソレ ヲ オ**話**シ ナサイ。**又 文** ニ オ**書**キ ナサイ。 二、**時計** ニ **書**イテ アル **字** ヲ オ**讀**ミ ナサイ。 三、**次** ノ コト ヲ オ**話**シ ナサイ。**又 文** ニ オ**書**キ ナサイ。 **時計** ガ ナル トキ ニハ、**長針** ハ ドコ ニ アリマス カ。(3-92) **時計** ハ ドウ シテ **動**キマス カ。

	長針 ト **短針** ノ **動キ方** ハ、ドウデス カ。 **一時** ニハ、**長針** ト **短針** ガ、ドコ ニ アリマス カ。 **一時三十分** ニハ、**長針** ト **短針** ガ、ドコ ニ アリマス カ。

第二十六、時計　の　歌

	とけい　は　あさ　から
かっちん かっちん	かっちん、 かっちん。(3-93)
おんなじ ひびき	おんなじ　ひびき　で、
居れども	うごいて　**居**れども、
ちっとも	ちっとも　おんなじ
	所　を　ささずに、
ばん	ばん　まで　こう　して、
	かっちん、 かっちん。
	とけい　は　ばん　でも
	かっちん、 かっちん。
ねどこ	われ　ら　が　ねどこ　で、(3-94)
ま	やすんで　**居**る　ま　も、
	ちっとも　**休**まず、
いき つがずに	いき　をも　つがずに、
	あさ　まで　こう　して、
	かっちん、 かっちん。

	練習 一、**時計** の **歌** を そらで いって ごらん なさい。 二、**時計** は いつも どう して **居**ます か。 三、**時計** の **歌** を **讀**んで、**何** と **思**い ました か。(3-95)

第二十七、あさ　の　いち

いち 朝 **市** あつまって います 茄子 まくわ**瓜** き瓜 **賣**っている **大豆** 小豆	これ　は　**朝**　の　**市**　です。**人**　が　**大勢**　あつまって　います。 あちら　には、　**茄子**　や、　まくわ**瓜**　や、　き**瓜**　など　を　**賣**って　いる　**人**　が　あります。 こちら　には、　なつめ　や、　**桃**　や、　くるみ　など　を　**賣**って　いる　**人**　が　あります。 **米**　や、　**麥**　や、　**大豆**　や、　**小豆**　を　**賣**って　いる　**人**　も　あります。(3-96) 

魚**類**	**魚類** や **肉類** を **賣**る **人** も あります。 その **外**、 いろいろな **物** を **賣**って いる **人** が あります。(3-97)
たち **品**物	この **人** たち は **朝早**く **品物** を **持**って、 **市** え **來**た の です。
買って行きます	**人** が **大勢** **來**て、 いろいろな **物** を **買**って **行**きます。
	練習 一、つぎ の こと を お**話**し なさい。 **又** **文** に お**書**き なさい。 **市** は **何** を する **所** です か。 **市** では どんな **物** を **賣**って います か。 **茄子** や、 まくわ**瓜** や、 き**瓜** など は、 いつ できます か。(3-98)

	二、**本字** で、「あさ」「いち」「だいず」「あずき」「ぎよるい」「にくるい」「しなもの」「うる」「かう」 と お**書**き なさい。

第二十八、おうちやくもの

おうちやくもの **昔** **借**りました **證**文 かえす **貸**した **無學** たしかな うけ**取**って おきました	**昔** おうちやくもの が、**人** から **金** を **借**りました。 そうして その **證文** には、 **自分** の **心持** の よい **時** に かえす と **書**いて やりました。 けれども **貸**した **人** は **無學** で、 それ が **讀**めない から、(3-99) たしかな **證文** だ と **思**って、 うけ**取**って おきました。

よほど さいそくしました	それから よほど **長**く たって、 **貸**した **人** は **何**べん も さいそくしました。

なかなか よんどころなく **訴**えました よび**出**されて しらべ うけました	けれども　なかなか　かえしません。 そこで　よんどころなく　**役所**　え　**訴**えました。(3-100) おうちやくもの　は　**役所**　え　よび**出**されて、 **役人**　の　しらべ　を　うけました。 けれども 「まだ　**自分**　の　**心持**　の　よい　**時**　が　**來**ない　から、 かえされません。」
いいはりました	と　いいはりました。 そこで　**役人**　は
よろしい それならば **牢**	「よろしい、 それならば　**心持**　の　よい　**時**　が　**來**る　まで、 **牢**　え　はいって　**居**れ。」(3-101) と　いいました。
おどろいて	すると　おうちやくもの　は　おどろいて、 「ああ、 もう　**心持**　が　よく　なりました。」 と　いった　そう　です。

練習

次 の こと を お**話**し なさい。

おうちやくもの は **金** を **借**りて、 どう しました か。

貸した **人** は どう しました か。

おうちやくもの は 何 と いいました か。(3-102)

第二十九、ていしゃば

ていしゃば
汽車
停車**場**
乘りこむ
迎え
見**送**
こみあって います
かばん
きっぷ
改札口
えきふ
荷物
積んだ
おして來ました
手荷物

汽車 が **今** **停車場** に つきました。**下**りる **人** も あります。**乘**りこむ **人** も あります。**迎**え に **來**た **人** も、**見送** に **來**た **人** も あります。**大**そう こみあって います。

かばん を **持**って、**走**って **行**く **人** も あります。まだ きっぷ を **買**って いる **人** も あります。**改札口** では きっぷ を しらべて います。(3-103)

えきふ が、**山** の よう に **荷物** を **積**んだ **車** を、おして **來**ました。あれ は **今** **乘**った **人** たち の **手荷物** でしょう。

	もう **汽車** が **出**よう と して います。(3-104)
むこう とても	まだ むこう から、**急**いで **走**って **來**る **人** も あります。あの **人** は とても まにあわない でしょう。
きまった おくれた **待**ってはいません	**汽車** は、きまった **時刻** には、きっと **出**ます。おくれた **人** を **待**っては いません。(3-105)
	練習
	一、**本字** で、「ていしゃば」「きしゃ」「きせん」「みおくり」「かいさつぐち」「にもつ」と お**書**き なさい。
	二、**次** の こと を お**話**し なさい。**又** **文** に お**書**き なさい。
	人 が **大勢** **停車場** で **何** を して います か。
	えきふ は **何** を して います か。
	急いで **來**る **人** は まにあう でしょう か。

第三十、汽車りょこう

汽車りょこう	**貞童** は **父** に つれられて、**始**めて **汽車** に **乗**りました。(3-106) **窓** から **外** を **見**ると、**山** も、**川** も、**田** も、**畑** も、**後** の **方** え とんで **行**く よう です。 
通っている	**田** で はたらいて いる **人** も、**道** を **通**って いる **人** も、**馬** も、**車** も、**今** **見**えた か と **思**う と、(3-107) すぐ **見**えなく なって しまいます。

雷 急に まっ暗に トンネル かわって 着きました	時時 雷 の ような 音 が する こ と も あります。 これ は 橋 の 上 を 通る の です。 急 に まっ暗に なる こと も あります。 これ は トンネル の 中 え はいった の です。 右 を 見て も、 左 を 見て も、 景色 が かわって おもしろう ございます。(3-108) そのうちに 汽車 が 停車場 に 着きました。 下りる 人 も、 乘る 人 も、 たくさん ありました。 貞童 も 父 と いっしょに 下りました。 **練習** 一、次 の こと を お話し なさい。 又 文 に お書き なさい。 汽車 の 窓 から、 外 を 見た 景色 は、 どんな です か。

	汽車 が **走**る と、なぜ **時時** **雷** の ような **音** が したり、(3-109) まっ**暗**に なったり する の です か。
さんずいへん ごんべん にんべん	二、さんずいへん(氵) の **字** と、ごんべん (言) の **字** と、にんべん(亻) の **字** を、**知**って いる だけ、お**書**き なさい。 (3-110)
	普通學校國語讀本 卷三終

【附　錄】

第一、　第一(ダイイチ)。居(イ)マス。松(マツ)。林(ハヤシ)。大切(タイセツ)ナ。練習(レンシウ)。

第二、　野原(ノハラ)。花(ハナ)。壽男(ジュナン)。貞童(テイドウ)。

第三、　朝鮮(チョウセン)。内地(ナイチ)。

第四、　畑(ハタケ)。オ金(カネ)。聞(キ)イテ。

第六、　吹(フ)カレテ。町(マチ)。大勢(オウゼイ)。

第七、　習(ナラ)いました。次(ツギ)。平假名(ヒラガナ)。五十音圖(ゴジウオンズ)。片假名(カタカナ)。片假名交(カタカナマジ)り文(ブン)。多(オウ)く。學(マナ)びました。

第八、　皆(ミナ)さん。鯉(コイ)。金色(キンイロ)。頭(アタマ)。正(タダ)しく。池(イケ)。魚(ウオ)。蟲(ムシ)。とって食(ク)います。　(1)

第九、　土曜日(ドヨウビ)。母(ハハ)。指(ユビ)。折(オ)りながら。

第十、　竹(タケ)。筆(フデ)。骨(ホネ)。柱(ハシラ)。青青(アオアオ)と。臺灣(タイワン)。

第十一、一尺(イッシャク)。半分(ハンブン)。細(コマ)かに。目盛(メモリ)。十倍(ジウバイ)。一丈(イチジョウ)。一寸(イッスン)。一分(イチブ)。一厘(イチリン)。反物(タンモノ)。誰(ダレ)。机(ツクエ)。幅(ハバ)。

第十二、夏(ナツ)。晝(ヒル)。夜(ヨル)。農家(ノウカ)。麥(ムギ)。刈(カ)らなければ。休(ヤス)んで。

第十三、時節(ジセツ)。**螢**(ホタル)。**來**(コ)い。**苦**(ニガ)いぞ。**甘**(アマ)いぞ。**放**(ハナ)して。

第十四、小馬(コウマ)。**走**(ハシ)れ。

第十五、田植(タウエ)。**忙**(イソガ)しそう。**苗**(ナエ)。**笠**(カサ)。**一面**(イチメン)に。**秋**(アキ)。

第十六、廣(ヒロ)イ。**先**(サキ)。**海**(ウミ)。**船**(フネ)。**汽船**(キセン)。

第十七、方角(ホウガク)。**湖**(ミズウミ)。**港**(ミナト)。**岸**(キシ)。**考**(カンガ)エテ。

第十八、泳(オヨ)いで。**濱**(ハマ)。**遠**(トウ)く。**深**(フカ)く。**所**(トコロ)。**近**(チカ)い。**淺**(アサ)い。**上手**(ジョウズ)に。**水泳**(スイエイ)。**溺**(オボ)れません。 (2)

第十九、我(ワ)が。**大日本帝國**(ダイニッポンテイコク)。半**島**(ハントウ)。**中**(ウチ)。**本州**(ホンシウ)。**北海道**(ホッカイドウ)。**九州**(キウシウ)。**陸**(リク)。**國**(クニ)。**太平洋**(タイヘイヨウ)。**黃海**(コウカイ)。**支那海**(シナカイ)。**氣候**(キコウ)。**土地**(トチ)。**產物**(サンブツ)。**景色**(ケシキ)。

第二十、明治天皇(メイヂテンノウ)。**今上天皇陛下**(キンジョウテンノウヘイカ)。**御父君**(オンチチギミ)。**間**(アイダ)。**御位**(ミクライ)。**盛**(サカ)んに。**御恩**(ゴオン)。**重**(オモ)い。**御病氣**(ゴビョウキ)。**同**(オナ)じ。**父母**(フボ)。**宮中**(キウチウ)。お**祭**(マツリ)。**明治天皇祭**(メイヂテンノウサイ)。

第二十一、決(ケッ)して。**棄**(ス)てません。**石**(イシ)。**近所**(キンジョ)。

第二十二、天長節(テンチョウセツ)。**國旗**(コッキ)。**天長節祝日**(テンチョウセツシュクジツ)。オ**祝**(イワイ)。**式**(シキ)。**勅語**(チョクゴ)。

第二十三、郡廳(グンチョウ)。**役所**(ヤクショ)。**札**(フダ)。**治**(オサ)メル。**用**(ヨウ)。

第二十四、憲兵分遣所(ケンペイブンケンショ)。**巡査**(ジュンサ)。**保護**(ホゴ)シテ。**警察署**(ケイサツショ)。**外**(ホカ)。**命令**(メイレイ)。**守**(マモ)ラナケレバ。**無禮**(ブレイ)。 (3)

第二十五、時刻(ジコク)。**止**(ヤ)メタリ。**時計**(トケイ)。**入用**(ニウヨウ、イリヨウ)。**見方**(ミカタ)。**長針**(チョウシン)。**短針**(タンシン)。**動**(ウゴ)ク。**音**(オト)。**針**(ハリ)。**六十分**(ロクジップン)。Ⅰ(イチ)、Ⅱ(ニ)、Ⅲ(サン)、ⅢⅡ(シ)、Ⅴ(ゴ)、Ⅵ(ロク)、Ⅶ(シチ)、Ⅷ(ハチ)、Ⅸ(ク)、Ⅹ(ジウ)、Ⅺ(ジウイチ)、Ⅻ(ジウニ)。

第二十六、居(オ)れども。

第二十七、朝(アサ)。**市**(イチ)。**茄子**(ナス)。まくわ**瓜**(ウリ)。**賣**(ウ)って。**大豆**(ダイズ)。**小豆**(アズキ)。**魚類**(ギョルイ)。**品物**(シナモノ)。**買**(カ)って。

第二十八、昔(ムカシ)。**借**(カ)りました。**證文**(ショウモン)。**貸**(カ)した。**無學**(ムガク)。うけ**取**(ト)って。**訴**(ウッタ)えました。**牢**(ロウ)。

第二十九、汽車(キシャ)。**停車場**(テイシャバ)。**乘**(ノ)りこむ。**迎**(ムカ)え。**見送**(ミオクリ)。**改札口**(カイサツグチ)。**荷物**(ニモツ)。**積**(ツ)んだ。**待**(マ)って。

第三十、**窓**(マド)、**通**(トウ)って。**雷**(カミナリ)。**急**(キウ)に。
まっ**暗**(クラ)に。**着**(ツ)きました。 (4)

大正二年二月十三日印刷
大正二年二月十五日發行
大正四年十二月二十五日六版

定價金六錢

朝鮮總督府

總務局印刷所印刷

朝鮮總督府編纂

普通學校國語讀本 卷四

第2學年 2學期

朝鮮總督府編纂

普通學校國語讀本 卷四

【緒　言】

一、本書ハ普通學校第二學年後半期ノ國語科教科書ニ充ツルモノナリ。

二、本書ノ各課ハ、其ノ練習ト共ニ、凡ソ三四時間ヲ以テ教授スベキ豫定ナレドモ、教師ハ、便宜、斟酌ヲ加ヘ、生徒ノ能力ニ適セシメンコトヲ圖ルベシ。

三、本書ヲ教授スルニハ、國語ヲ以テ說明ヲ加ヘ、且ツ實物・動作・繪畫等ヲ利用シ、生徒ヲシテ十分ニ其ノ意義ヲ理會セシメ、尙ホ言語或ハ文章ヲ以テ、明瞭ニ之ヲ表出セシムベシ。

四、本書ノ各課ヲ教授スルニハ、本文ノ讀方・解釋等ニ入ル前、必要ニ應ジテ、該課ノ內容ニ關シ、豫メ國語ニテ問答又ハ說明ヲナスベシ。　(1)

五、新出語ハ總ベテ之ヲ上欄ニ掲ゲ、且ツ新出文字ニハ●點ヲ附シ、讀替文字ニハ一線ヲ附セリ。

六、練習問題ハ、本書ニ掲グルモノノ外、必要ニ應ジテ、之ヲ補フベシ。

七、教師ハ本書所載ノ言語ヲ授クルヲ以テ足レリトセズ、機ニ臨ンデ之ヲ補ヒ、生徒ノ語彙ヲ富マサンコトヲ務ムベシ。而シテ既ニ授ケタル言語ハ、爾後、絶エズ之ヲ使用セシムベシ。

八、卷末ノ附錄ハ、生徒ヲシテ、豫習・復習ノ際、之ヲ利用セシムベシ。

大正二年一月　　　　朝 鮮 総 督 府　　(2)

もくろく

普通學校國語讀本 卷四

第一課、キク ノ 花

第一**課** キク	
菊 **其**ノ	**菊** ノ **花** ガ サキマシタ。 **白**イ ノ ヤ、 **黄色**ナ ノ ヤ、 **其**ノ **外**、 イロイロナ ノ ガ アリマス。
タダ 一リン グライ	**一本** ニ、 **大**キナ **花** ガ、(4-1) タダ **一**リン サイテ イル ノ モ アリマス。 **三**リン **四**リン グライ、 サイテ イル ノ モ アリマス。 **又** **小**サナ **花** ガ、 タクサン サイテ イル ノ モ アリマス。

形 美シクテ	菊 ノ 花 ハ 色 モ 形 モ 美シクテ、 大ソウ ヨイ 花 デス カラ、 我ガ 國 ノ 人 ハ、 昔 カラ、 コレ ヲ コノミマス。(4-2)
皇室 御紋 オ用イニ ナッテイマス 菊ノ御紋 申シマス	菊 ノ 花 ノ 形 ハ、 皇室 ノ 御紋 ト シテ、 オ用イ ニ ナッテ イマス。 コレ ヲ 菊ノ御紋 ト 申シマス。

練習

一、菊 ニハ、 ドンナ 色 ノ 花 ガ アリマス カ。

クライ	二、菊 ニハ、一本 ニ、花 ガ ドノ クライ サキマス カ。 三、我ガ 國 ノ 人 ガ、菊 ノ 花 ヲ コノム ワケ ヲ オ話シ ナサイ。 四、菊 ノ 花 ノ コト ヲ 文 ニ オ作リ ナサイ。 五、菊ノ御紋 ハ ドンナ モノ デス カ。(4-3) 六、第一課 ニ 書イテ アル コト ヲ オ話シ ナサイ。

第二課、キノコ

キノコ 日曜日 **空** **晴**レテ	アル **日曜日** ノ **朝**、**空** ガ **晴**レテ、**風** ガ **暖**カ デ、マコトニ ヨイ **天氣** デシタ。
次郎 サソッテ 松山	**太郎** ト **次郎** ハ、トナリ ノ **福童** ヲ サソッテ、**松山** エ キノコ ヲ トリ ニ **行**キマシタ。(4-4)
松林 **鳴**ク 聞エマス	**松林** ノ **中** ニハ、マダ **花** ノ サイテ イル **草** モ アリマス。アチラ ニモ、コチラ ニモ、**小鳥** ノ **鳴**ク コエ ガ **聞**エマス。

方方	**三人** ハ **方方** ヲ タズネマシタ。 スルト **次郎** ガ **大**キナ コエ デ、 「ニイサン、 コンナ キノコ ヲ **見**ツケマシタ。 コレ ハ タベラレマス カ。」(4-5) ト イイマス ト、 **太郎** ハ 「ソレ ハ **何** ト イウ キノコ カ ワカリマセン。 タベラレナイ デショウ。
毒	キノコ ニハ、 **毒** ノ アル ノ モ アリマス。 ステテ オシマイ ナサイ。」 ト イイマシタ。 ソノウチニ **福童** モ キノコ ヲ **見**ツケマシタ。(4-6)
此ノ	「**太郎** サン、 **此**ノ キノコ ハ ヨイ ニオイ ガ シマス。 **何** ト イウ キノコ デス カ。」
マツタケ	「アア、 ソレ ハ マツタケ ト イッテ、 ヨイ キノコ デス。 マダ アル デショウ。ミンナ デ サガシテ ミマショウ。」

ソレカラ　三人　デ　サガス　ト、アチラ　ニモ、コチラ　ニモ、マツタケ　ガ　ハエテ　イマシタ。ミンナ　ガ　喜ンデ、(4-7) ソレ　ヲ　トッテ　カエリマシタ。

練習

一、次　ノ　コト　ヲ　オ話シ　ナサイ。

次郎　ハ　太郎　ニ　何　ト　イイマシタ　カ。

太郎　ハ　何　ト　答エマシタ　カ。

福童　ハ　太郎　ニ　何　ト　イイマシタ　カ。

太郎　ハ　何　ト　答エマシタ　カ。

二、次　ノ　コト　ヲ　文　ニ　オ作リ　ナサイ。

日曜日　ノ　天氣　ハ　ドンナ　デシタ　カ。

子供　ハ　ドコ　エ　行キマシタ　カ。

(4-8)

第三課、トリツギ

トリツギ	
ゲンカン オ客	**一郎** ノ ウチ ノ ゲンカン エ オ**客** ガ **來**テ、
ゴメンクダ サイ	「ゴメン クダサイ。」 ト イイマシタ。
	一郎 ハ トリツギ ニ **出**テ、 オ**客** ノ **前** ニ **手** ヲ ツイテ **禮** ヲ シマシタ。
春吉	オ客「**私** ハ **山田** **春吉** ト **申**シマ ス。(4-9) オトウサン ハ オウチ ニ イラッ シャイマス カ。」

チョット	一郎　「ハイ、　ウチ　ニ　居マス。　チョット　オ待チ　クダサイ。」
	一郎　ハ　父　ノ　所　エ　行ッテ、
オ方 イラッシャイマシタ	「オトウサン、山田　サン　ト　イウ　オ方　ガ　イラッシャイマシタ。」 ト　イイマシタ。
オ通シ申セ	父　「ソウ　カ、　コチラ　エ　オ通シ　申セ。」(4-10)
	一郎　ハ　マタ　オ客　ノ　前　エ　來テ、手　ヲ　ツイテ、
オ上リクダサイ	「ドウゾ　オ上リ　クダサイ。」 ト　イイマシタ。
ザシキ	オ客　ハ　ザシキ　エ　通ッテ、一郎　ノ　父　ト　話　ヲ　始メマシタ。
	練習
	一、三人　デ、オ客　ト　一郎　ト　父　ニ　ナッテ、話　ヲ　シテ　ゴラン　ナサイ。

	二、次　ノ　文　ヲ　讀ンデ　ゴラン　ナサイ。
	(4-11)
	(一) オトウサン　ハ　オウチ　ニ　イラッシャイマス　カ。
	ハイ、　父　ハ　ウチ　ニ　居マス。
イラッシャイマシタ	(二) オトウサン　ハ　ドコ　エ　イラッシャイ　マシタ　カ。
マイリマシタ	父　ハ　東京　エ　マイリマシタ。
	(三) アナタ　ハ　ドコ　カラ　イラッシャイマシタ　カ。
マイリマシタ	私　ハ　内地　カラ　マイリマシタ。

第四課、さいほう

さいほう お**秋**や お出で おく **呼**びました	「お**秋** や、 ちょっと お**出**で。」 と、 **母** が おく の **方** から **呼**びました。(4-12) お**秋** は 「はい。」 と **答**え ながら、 **急**いで **行**きました。

ぬい上げた **綿入**	**母** は **今** ぬい**上**げた **綿入** を **前** に おいて、 「お**秋** や、 おまえ の **綿入** が できた から、 **着**て ごらん。」(4-13)

	と　いいました。
	お**秋**　は　**喜**んで、　それ　を　**着**ました。
	母　は
にあいます	「よく　にあいます。　あす　から　これ　を　**着**て、　**學校**　え　お**出**で。」
	と　いいました。
にこにこして	お**秋**　は　にこにこして、
	「おかあさん、　ありがとう　ございます。　**大**そう　よい　**着物**　で　ございます。」
	と　いいました。(4-14)
着ふるした といて ぬいなおした ふるい	**母**　「これ　は　おまえ　が、　**去年**　**着**ふるした　の　を　といて、　ぬいなおした　の　です。　ふるい　**着物**　も　ぬいなおす　と、　こんなに　りっぱに　なります。　おまえ　が　**今**　**着**て　いる
あわせ やはり	あわせ　も、　やはり　ぬいなおした　の　です。」
まるで 新しい	お**秋**「まるで　**新しい**　**着物**　の　よう　で　ございます。　みんな　の　**着物**　を、(4-15)

おなおしなさる ずいぶん	こんな に おなおし なさる の は、 ず いぶん ごめんどう で ございましょう。」
とりわけ ゆかた いちいち	母「そう です、 とりわけ 綿入 や あわ せ は、 ゆかた や ひとえ物 と ち がって、 いちいち といて 洗わなけれ ば ならない から、 なかなか めん
年中 せわ 骨折 ようい	どう です。 おかあさん は、 年中、 着物 の せわ が たえません。」 お秋 は、 母 の 骨折 の ようい で ない こと を、 よく 知りました。(4-16)
	練習 一、母 と お秋 が いった こと を お話し なさい。 二、次 の 文 を お讀み なさい。 母 が お秋 に 着物 を 着せました。 お秋 が 着物 を 着ました。 母 が お花 に ごみ を すてさせました。 お花 が ごみ を すてました。(4-17)

第五課、からす と くじゃく

くじゃく **或**る **見**え 烏 なり よの**中** 一**度** おとした 羽 着けました	**或**る **所** に、**見**え を このむ **一羽** の **烏** が ありました。くじゃく と いう **鳥** が、りっぱな なり を して いる の を **見**て、「よの**中** には、あの ような **美**しい **鳥** も ある。わたしも、**一度**、あんな なり を して **見**たい。」と **思**いました。 そこで **此**の **烏** は、くじゃく の おとした **羽** を ひろいあつめて、(4-18) それ を **自分** の **身** に **着**けました。 

とくいに **仲**間 **初** ほどなく にせもの 見出しました	そうして　とくいに　なって、くじゃく　の　**仲間**　え　はいって　いました。 **初**　は　くじゃく　ども　も、きが　つかずに　いました　が、ほどなく　**此**の　にせもの　を　**見出**しました。(4-19)
おのれ にくい やつ くちばし むしり**取**ってしまいました なくなく もと **巣** **歸**りました しわざ あいて	「おのれ　にくい　やつ　だ。」と、くじゃく　ども　は　くちばし　を　そろえて、**烏**　の　**着**けて　いた　**羽**　を、むしり**取**って　しまいました。 **烏**　は　なくなく　もと　の　**巣**　え　**歸**りました。けれども　**友**だち　の　**烏**　は、**其**の　しわざ　を　にくんで、**誰**　も　あいて　に　なりません　でした。(4-20) **練習** 一、**次**　の　こと　を　お**話**し　なさい。 　**烏**　は　くじゃく　を　**見**て、**何**　と　**思**いました　か。

	烏 は どんな こと を しました か。 二、**次** の こと を **文** に お**作**り なさい。 くじゃく ども は **烏** を どう しました か。 **烏** が もと の **巣** え **歸**ったら、どう でした か。 三、**烏** と くじゃく の **話** を して ごらん なさい。 四、**此**の **話** を **讀**んで、**皆**さん は **何** と **思**います か。(4-21)

第六課、穀物

<table>
<tr>
<td>穀物
粟
黍
豆
五穀
うる米
もち米
うるち
米
大麥
小麥</td>
<td>

米 **麥** **粟** **黍** **豆**、これ を **五穀** と いいます。

米 には うる**米** と もち**米** が あります。うる**米** は うるち とも いい、**又** ただ **米** とも いいます。

それから **麥** には **大麥** と **小麥** が あり、**豆** には **大豆** **小豆** など が あります。(4-22)

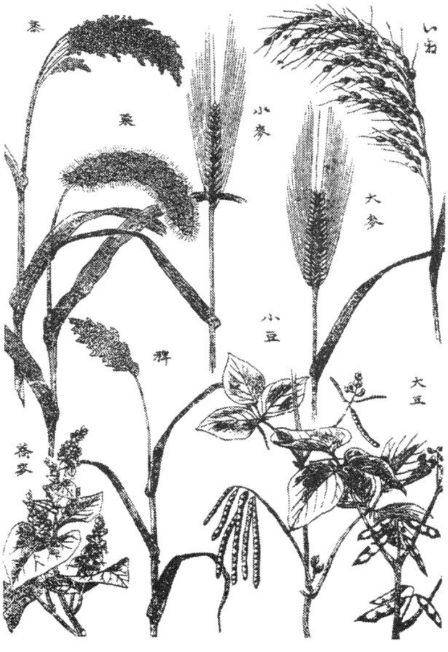

(4-23)

</td>
</tr>
</table>

飯 たき 餅 うどん	うる米 大麥 粟 は 飯 に たき、 もち米 は 餅 に つき、 小麥 は うどん など に つくります。
煮て みそ しょうゆ 油 しぼる 後 豆粕 こやし	大豆 は 煮て も たべられるし、 みそ しょうゆ など にも つくられるし、 又 これ から 油 を しぼる こと も できます。 油 を しぼった 後 の 豆粕 は、 田 や 畑 の こやし と して、 大切な もの で あります。(4-24)
あん	小豆 は 米 に まぜて、 飯 に たいたり、 又 餅 の あん や、 だんご の あん など に つくります。
稗 蕎麥	五穀 の 外 にも、 稗 蕎麥 など 入用な 穀物 が あります。
	練習
	一、大切 な 穀物 の 名 を、 知って いる だけ、 書いて ごらん なさい。

のぎへん	二、**飯** に たく **穀物**、**餅** に つく **穀物**、うどん に つくる **穀物** は、**何** です か。 (4-25) 三、**大豆** や **小豆** は **何** に なります か。 それ を **文**に お**作**り なさい。 **四**、のぎへん(**禾**)の **字** を、**知**って いる だけ、 お**書**きなさい。

第七課、皇大神宮(コウダイジングウ)

皇大神宮 鳥居 奥 オ宮 大木 オイシゲッテ	ココ ニ 大キナ 鳥居 ガ アリマス。 鳥居 ノ 奥 ニハ オ宮 ガ アッテ、 其ノ マワリ ニハ 大木 ガ オイシゲッテ、 空モ 見エナイ ホド デ ゴザイマス。(4-26)
伊勢 天照大神 タットイ	コレ ハ 伊勢(イセ) ノ 皇大神宮 デ、 天照大神(アマテラスオウミカミ) ヲ オ祭リ申シテ アル タットイ オ宮 デ ゴザイマス。
御先祖 大昔 世 オメグミナサイマシタ 稲 蠶 オ教エニナリマシタ	天照大神 ハ 天皇陛下 ノ 遠イ 御先祖 デ ゴザイマシテ、 大昔 ノ 世 ニ、 深ク 人民 ヲ オメグミ ナサイマシタ。 ソウシテ 人民 ニ 稲 ヲ 植エル コトヤ、 蠶 ヲ カウ コト ヲ オ教エ ニ ナリマシタ。(4-27)
神嘗祭 オ供エニナリマス	天皇陛下 ハ 毎年 十月十七日 ノ 神嘗祭 ニハ、 其ノ 年 ニ デキタ 新穀 ヲ、 皇大神宮 ニ オ供エ ニ ナリマス。

新嘗祭 神神 オアガリニ ナリマス	**又** **十一月二十三日** ノ **新嘗祭** ニハ、**天皇陛下** ハ、**皇大神宮** **其**ノ **外** ノ **神神** ヲ オ**祭**リ ニ ナッテ、(4-28) **其**ノ **年** ノ **新穀** ヲ オアガリ ニ ナリマス。 **練習** 一、**皇大神宮** ノ オ**宮** ノ コト ヲ オ**話**シナサイ。 二、**天照大神** ハ ドンナ **御方** デシタ カ。ソレ ヲ オ**話**シ ナサイ。

	三、神嘗祭 ト 新嘗祭 ノ コト ヲ オ話シ ナサイ。又 ソレ ヲ 文 ニ オ書キ ナサイ。 四、次 ノ コトバ ヲ オ讀ミ ナサイ。 オ宮。 オ祭リ。 オ供エ。 御紋。 御先祖。 御恩。(4-29)

第八課、マス

酒 カサ	マス　ハ、**穀物**　ヤ、**酒**　ヤ、**油**　ナド　ノ　カサ　ヲ　ハカル　ニ、**用**イル　モノ　デ　アリマス。
	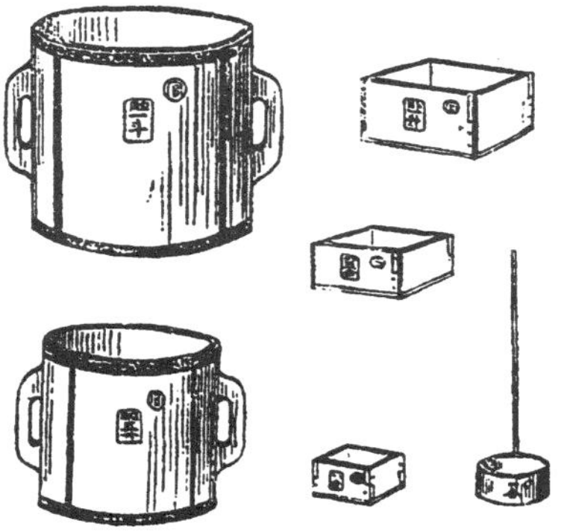
一升 **一合** **一勺** **一斗** 一石	**物**　ノ　カサ　ヲ　ハカル　ニハ、**一升**　ヲ　モト　ニ　シマス。ソウシテ　**一升**　ノ　**十分**　ノ　**一**　ハ　**一合**　デ、(4-30)　**一合**　ノ　**十分**　ノ　**一**　ハ　**一勺**　デ　アリマス。**又**　**一升**　ノ　**十倍**　ハ　**一斗**　デ、**一斗**　ノ　**十倍**　ハ　**一石**　デ　アリマス。

枡 **五勺枡** **一合枡** **五合枡** **一升枡** **五升枡** **一斗枡**	**枡** ニハ **五勺枡** **一合枡** **五合枡** **一升枡** **五升枡** **一斗枡** ガ アリマス。 **枡** モ、モノサシ ノ ヨウ ニ、**人** ガ カッテニ コシラエテ ハ ナラナイ モノ デ アリマス。**正**シイ ノ ニハ、ヤクショ デ ツケタ シルシ ガ アリマス カラ、(4-31) **米** ヤ **麥** ナド ヲ **賣**ル ニモ、**買**ウ ニ モ、ソレ ヲ ツカワナケレバ ナリマセン。 **練習** 一、**次** ノ **問** ニ オ**答**エ ナサイ。 **枡** ハ **何** ニ ツカウ モノ デス カ。 **一勺** ヲ **何倍**スレバ、**一升** ニ ナリマス カ。 **一升** ヲ **何倍**スレバ、**一石** ニ ナリマス カ。 二、**枡** ノ **正**シイ コト ハ、ドウ シテ ワカリマスカ。ソレ ヲ **文** ニ オ**作**リ ナサイ。(4-32)

第九課、ワラ

稻 ノ ワラ ヤ 麥 ノ ワラ ハ、イロイロナ 役 ニ 立ツ モノ デス。

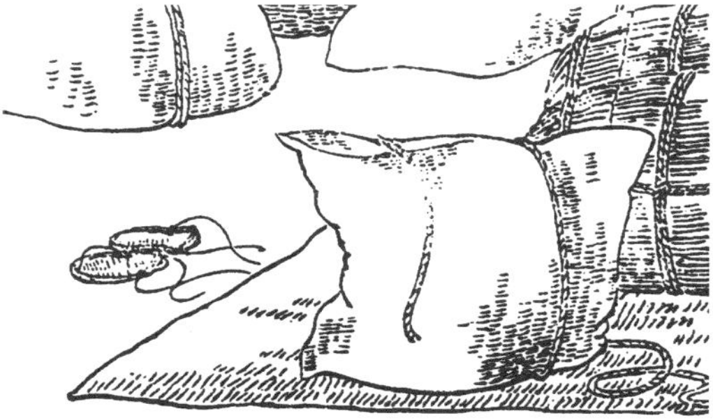

カマス
タワラ
ムシロ
ワラジ
フイタリ
家畜
食用
紙
材料
ツカイミチ

稻 ノ ワラ デハ、カマス タワラ ムシロ ナワ ワラジ ナド ヲ 作ッタリ、ヤネ ヲ フイタリ シマス。又 家畜 ノ 食用 ニ シタリ、(4-33) 紙 ヲ コシラエル 材料 ニ シタリ シマス。其ノ 外、ツカイミチ ハ イクラ モ アリマス。

麥ワラザイク 時分	麥ワラ　ハ　ヤネ　ヲ　フク　ニモ　ツカイマスシ、又 赤 ヤ、青 ヤ、黃色 ニ ソメテ、麥ワラザイク　ニモ　ツカイマス。 マダ 此ノ 外 ニ、麥ワラ デ 作ッタ モノ デ、アツイ 時分 ニ 用イル モノ ガ アリマス。皆サン、何 デショウ。(4-34) 冬 ニ ナッテ、ソト ニ シゴト ノ ナイ 時 ハ、ウチ デ 稻 ノ ワラ ヤ 麥ワラ デ、何 カ コシラエル ガ ヨイ ノ デス。 **練習** 一、稻 ノ ワラ ハ ドンナ 役 ニ 立チマス カ。 二、麥ワラ ハ ドンナ 役 ニ 立チマスカ。ソレ ヲ 文 ニ オ作リ ナサイ。 三、冬 ソト ニ シゴト ノ ナイ 時 ニハ、ウチ デ ドンナ コト ヲ スル ガ ヨイ ノ デスカ。(4-35)

第十課、アリ ト セミ

アリ 枯レテシマイマシタ 食べ物 困ッテイマス 少シ メグンデ下サイ	**氣候** ガ **寒**ク ナッテ、 **野原** ノ **草** ハ モウ **枯**レテ シマイマシタ。 セミ ハ コノゴロ **食べ物** ガ ナクテ、 タイソウ **困**ッテ イマス。 ソコデ アリ ノ **所** エ **行**ッテ ネガイマシタ。 「アリ サン、 ドウゾ **少**シ バカリ、 **食べ物** ヲ メグンデ **下**サイ。」 アリ ハ イイマシタ。(4-36) 

	「**少**シ グライ ハ **上**ゲテ モ ヨイ
一タイ	ガ、**一**タイ アナタ ハ、**夏** ノ **間**、
	何 ヲ シテ イタ ノ デス カ。」
ハズカシソウニ	セミ ハ ハズカシソウニ **答**エマシタ。
	「**夏** ノ **間** ハ、**木** ヤ **草** ノ ウマイ
ツユ	ツユ ヲ スッテ、(4-37)
スッテ **涼**シイ	**涼**シイ **着物** ヲ **着**テ、**毎日** **歌** ヲ
クラシテイマシタ	**歌**ッテ、オモシロク クラシテ イマシタ。」
	コレ ヲ **聞**イテ、アリ ハ イイマシタ。
	「ソレデハ **今** ニ ナッテ **困**ル ノハ、
アタリマエデス	アタリマエ デス。 ワタシ ナド ハ、
暑イ	**夏** ノ **暑**イ **時** デモ、**汗** ヲ **流**シテ、
汗 流シテ	**休**マズニ ハタライテ、**食**ベ**物** ヲ タ
タクワエタノデス	クワエタ ノ デス。」(4-38)
	コウ イッテ アリ ハ、セミ ニ、**少**
アタエテカエシマシタ	シ バカリ、**食**ベ**物** ヲ アタエテ カエ
	シマシタ。

	練習
	一、次　ノ　問　ニ　オ答エ　ナサイ。
	セミ　ハ　アリ　ニ　何　ト　イッテ　ネガイマシタ　カ。
	アリ　ハ　セミ　ニ　何　ト　イイマシタカ。
	セミ　ハ　何　ト　答エマシタ　カ。
	アリ　ハ　又　何　ト　イイマシタ　カ。
	二、セミ　ハ　ナゼ　困ッタ　ノ　デス　カ。ソレ　ヲ　文　ニ　オ作リ　ナサイ。(4-39)
ニスイヘン	三、ニスイヘン(氵)　ノ　字　ヲ、知ッテイル　ダケ、オ書キ　ナサイ。
	四、アリ　ト　セミ　ノ　話　ヲ　シテ　ゴラン　ナサイ。

第十一課、貞童 の ちょきん

ちょきん 墨 鉛筆 そまつ	私 は、筆 や、紙 や、墨 や、鉛筆 など を、決して そまつ には いたしません。
おあし つまらぬ	おとうさん や おかあさん から、(4-40) お祝 の 日 など に、おあし を いただいて も、決して つまらぬ こと には つかいません。
	私 が 山 え 行って、栗 を ひろって 來たら、おとうさん は それ を 賣って、其の おあし を 私 に 下さいました。
ためておきました	私 は これ も ためて おきました。
雞	學校 から 歸った 時 や、休み の 日 に、私 が よく 雞 の せわ を しました から、(4-41)
卵	おとうさん が 卵 を 賣った 時、おあし を 下さいました。私 は これ も ためて おきました。

せんだって **郵便局** **預**けて下さい ました **引**きかえ 郵便**貯**金通**帳**	せんだって　おとうさん　は、**私**　を　**郵便局**　え　つれて　**行**って、ためた　おあし　を　**預**けて　**下**さいました。**郵便局**では　おあし　と　**引**きかえ　に、(4-42) **郵便貯金通帳**　と　いう　もの　を　くれました。

しまっておきます	**私** は **其**の **通帳** を、**大切**に しまって おきます。 これから **後** は、おあし が たまると、**私** は **自分** で **郵便局** え **持**って **行**って **預**けます。 **預**けた おあし には **利息** が つくから、 だんだん ふえます。(4-43) けれども **私** は、 ただ ためて おくばかり では ありません。**何** か **役** に **立**つ もの が ある と、おとうさん に きいて **買**います。きのう も **本** を **一**さつ **買**いました。 **練習** 一、**貞童** は どう して おあし を ためます か。 二、**貞童** は ただ おあし を ためて おくばかり でした か。 三、おあし を **郵便局** え **預**ける と、どうなります か。(4-44)
たまる	
利息	

第十二課、すすはらい

すすはらい 年 くれ	**年** の くれ に なりました から、どこ の うち でも、すすはらい で **忙**しう ございます。 **私** の うち でも、きのう すすはらい を しました。おとうさん や おかあさん や、**其**の **外** うち の **人** が、**皆** **大**そう はたらきました。(4-45) 

たんす 本**箱** のけて すす はき**出**しました どこもかも	たんす　や　**本箱**　など　を　のけて、**家**　の　**内**　の　すす　や　ごみ　を　はき**出**しました。　そうして　どこもかも　よく　ふきました。
てつだい 道**具**	**私**　も　てつだい　を　して、**道具**　を　はこんだり、**水**　を　**持**って　**行**ったりしました。(4-46)
ばけつ **一**ぱい さげて行きました いとうございました	ばけつ　に　**水**　を　**一**ぱい　**入**れて、さげて　**行**きましたら、おばあさん　が　**力**　が　**強**い　と　いって、ほめて　**下**さいました。　ごみ　が　**目**　に　はいった　**時**は、いとう　ございました　が、**水**　で　**洗**って、また　はたらきました。
一日 つかれました はらがへって **夕**飯 ふだん	**一日**　はたらいて、ずいぶん　つかれました。　**大**そう　はら　が　へって、**夕飯**　が　ふだん　より　うもう　ございました。
	もう　お**正月**　が　**近**く　なりました。(4-47)
	早く　**來**れば　よい　と　**思**って、**待**って　います。

	練習
	一、すすはらい　は　いつ　ごろ　します　か。 二、すすはらい　には　どんな　こと　を　しま　す　か。 三、すすはらい　の　**後**　で、**子供**　は　**何**　と　いいました　か。それ　を　**文**　に　お**作**り　なさい。
うかんむり	**四**、うかんむり(宀)　の　**字**　を、**知**って　いる　だけ、お**書**き　なさい。(4-48)

第十三課、君がよ

	君がよ　は ちよ　に　やちよ　に、 さざれ**石**　の、 いはほ(ワオ)　と　なりて、 こけ　の　むす　まで。
祝いたてまつる	これ　は「**君**がよ」の　**歌**　と　**申**しまして、**天皇陛下**　を　**祝**い　たてまつる　**歌**　で　ございます。
御壽命	「**君**がよ」とは、**天皇陛下**　の　**御壽命**　の　こと　で　ございます。(4-49)
ちよにやちよに **千**年 **萬**年 かぎりなく	「ちよ　に　やちよ　に」とは、**千年**　も　**萬年**　も、かぎりなく　**長**い　こと　を　いう　の　で　ございます。
さざれ石	「さざれ**石**」とは、**小**さな　**石**　の　こと　で　ございます。
いはほ **岩**	「いはほ(ワオ)」とは、**大**きな　**岩**　の　こと　で　ございます。

こけ	「こけ」 とは、 **小**さな **草** の こと でございます。(4-50)
むす	「むす」 とは、 **草** の はえる こと でございます。
ぜんたい **意味**	そこで **此**の **歌** の ぜんたい の **意味**は、 「**天皇陛下** の **御壽命** は、 **千年** も **萬年** も、 かぎりなく つづいて、 **小**さな **石** が **大**きな **岩** に なって、 **其**の **岩** に こけ が はえる まで も、(4-51) **長**く あらせられます よう に いのります。」 と いう の で ございます。 **私** ども は、 お**祝** の **日** には、 **此**の **歌** を **歌**います。 **練習** 一、「**君**がよ」 の **歌** を そらで いって ごらん なさい。

	二、「君がよ」 の 歌 の 意味 を お話し なさい。 そうして それ を 文 に お 書き なさい。 三、「君がよ」の 歌 は いつ 歌います か。 (4-52)

第十四課、すさのおのみこと

すさのおのみこと めぐって 出雲國	**天照大神** の **御弟** に、すさのおのみこと と **申**して、**大**そう **強**い お**方** が ございました。**此**の お**方** は **方方** を めぐって、**出雲國**(いずものくに) え お**出**で に なりました。 
大蛇	**其**の ころ **出雲國** には、**頭** の **八**つ ある **大蛇** が **居**て、(4-53)

飲んで よって **斬**りころして おしまいに なりました ふしぎ **寶劒** 往來する	**人** を とって **食**います ので、 みんな が **大**そう **恐**れて いました。 すさのおのみこと は **八**つ の **大**きな かめ に **酒** を **入**れて、 **大蛇** の **來**る の を、 **待**って おいで に なりました。 そうして **大蛇** が **來**て、 それ を **飲**んで、 よって ねむった ところ を **斬**りころして おしまい に なりました。 ふしぎ にも、 **此**の **大蛇** の からだ の **中** には、(4-54) **寶劒** が ありました。 すさのおのみこと は それ を お**取**り に なって、 **天照大神** に お**上**げ に なりました。 すさのおのみこと は **朝鮮** えも お**出**で に なった こと が あります。 **又** **内地** に たくさん **木** を お**植**え に なって、 それ で **朝鮮** え **往來**する **船** を、 こしらえる よう に なさいました。 (4-55)

練習

一、すさのおのみこと　は、**出雲國** で、どんな　こと　を　なさいました　か。

二、すさのおのみこと　が　**木**　を　たくさん　お**植**え　に　なった　わけ　を、お**話**し　なさい。

三、**次**　の　ことば　を　**讀**んで　ごらん　なさい。

出雲國　え　**行**きました。

出雲國　え　お**出**で　に　なりました。

出雲國　え　お**出**で　なさいました。

四、すさのおのみこと　の　お**話**　を　して　ごらん　なさい。(4-56)

第十五課、富士山(ふじさん)

富士山	
	ここ に 大そう 高い 山 が あります。
頂 ぬけ出て	頂 は 雲 の 上 まで ぬけ出て、雪 が つもって まっ白 です。
	此の 雪は、夏 の 暑い 時 でも、のこって います。(4-57)
扇 さかさまに	山 の 形 は、ちょうど、白い 扇 を さかさまに した よう です。美しい 山では ありません か。
	これ は 日本一 の 富士山 です。

	あたま を **雲** の **上** に **出**し、
見おろして	**四方** の **山** を **見**おろして、
	かみなり さま を **下** に きく、
	富士 は **日本一** の **山**。(4-58)
青ぞら そびえたち	**青**ぞら **高**く そびえたち、
	からだ に **雪** の **着物** きて、
かすみ すそ	かすみ の すそ を とうく ひく、
	富士 は **日本一** の **山**。
	練習
	一、**富士山** の こと を **文** に **作**って ごらん なさい。
	二、**富士山** の **歌** を そらで いって ごらん なさい。
あまかんむり	三、あまかんむり(**雨**) の **字** を、 **知**って いる だけ、 お**書**き なさい。(4-59)

第十六課、朝鮮

	コレ　ハ　**朝鮮**　ノ　**地圖**　デ　ゴザイマス。
東西 南北	**朝鮮**　ハ　半**島**　デ、**東西**　ガ　**短**ク、**南北**
	ガ　**長**ウ　ゴザイマス。ソウシテ　**本州**　ニ
クラベル	クラベル　ト、**少**シ　**小**ソウ　ゴザイマス。
	東　ニハ　**日本海**　ガ　アリ、**西**　ニハ
朝鮮海**峽**	**黄海**　ガ　アリ、**南**　ニハ　**朝鮮海峽**　ガ
	アッテ、**北**　ダケ　**陸**　ニ　ツヅイテ　イ
	マス。(4-60)

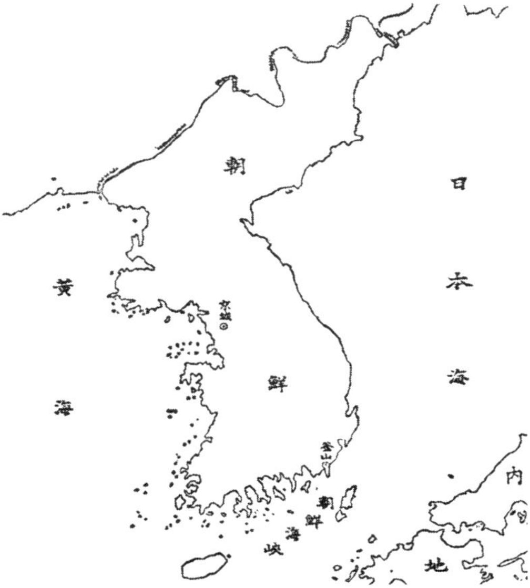

カクベツ	**南** ノ **方** ハ、**夏** モ アマリ **暑**ク ナク、**冬** モ カクベツ **寒**ク アリマセン。ケレドモ ダンダン **北** エ **行**ク ト、**冬** ハ **大**ソウ **寒**ウ ゴザイマス。(4-61)
京城 大**都會** **殆**ンド **中**ホド	**京城** ハ **我**ガ **日本國** ノ **大都會** ノ **一**ツ デ、半**島** ノ **殆**ンド **中**ホド ニ アリマス。
釜山	**釜山** ハ **朝鮮** ノ **一**バン **南** ニ アル ヨイ **港** デ、**内地** エ **行**ク ニハ、ココ カラ **船** ニ **乘**ル ノ ガ、**一**バン
便利デス	**便利** デス。

練習

一、**朝鮮** ノ **形** ト **大**イサ ヲ オ**話**シナサイ。(4-62)

二、**朝鮮** ノ **四方** ハ、ドウ ナッテ イマス カ。ソレ ヲ **文** ニ オ**作**リナサイ。

三、**朝鮮** ノ **氣候** ヲ オ**話**シ ナサイ。

四、**京城** ト **釜山** ハ、ドコ ニ アリマス カ。

第十七課、汽船

烟 ハイテイマス 乘リ込ンデ イマス **棧**橋 **運**ンデイル	コレ ハ **釜山** ノ **港** デス。 **大**キナ **汽船** ガ **烟** ヲ ハイテ イマス。 **行**ク **人** ハ、 モウ、 **汽船** ニ **乘**リ込ンデ イマス。 **見送** ニ **來**タ **人** ハ、 **棧橋** ノ **上** ニ **立**ッテ イマス。(4-63) **忙**シソウニ **荷物** ヲ **運**ンデ イル **人** モ アリマス。 

	今 汽船 ガ 大キナ 音 ヲ 出シマシ
汽笛	タ。 アレ ハ 汽笛 ガ 鳴ッタ ノ デ
	ス。 汽船 ハ 港 ニ 着イタ 時 ト、
鳴ラシマス	港 カラ 出ル 時 ニハ、 汽笛 ヲ 鳴ラ
	シマス。 マタ 汽笛 ガ 鳴リマシタ。 モ
	ウ 汽船 ガ 出ル ノ デショウ。(4-64)
	此ノ 汽船 ハ、 十時間 グライ タテ
下關	バ、 下關 エ 着キマス。
	練習
	一、ドンナ コト ヲ シテ イル 人 ガ アリマス カ。
	二、汽船 ハ イツ 汽笛 ヲ 鳴ラシマス カ。
	三、本字 デ、「キセン」「キテキ」「サンバシ」「ニモツ」 ト オ書キ ナサイ。(4-65)

第十八課、神武天皇(ジンムテンノウ)

神武天皇	**神武天皇** ハ **天照大神** ノ **御子孫** デ、
御子孫	**今上天皇陛下** ノ **御先祖** デ ゴザイマス。
	天皇 ハ **初**メ **九州** ニ オイデ ニ ナリマシテ、 **我**ガ **國** ヲ オ**治**メ ナサイマシタ。 **其**ノ **時** **東** ノ **方** ニハ、
ハビコッテ	ワルモノ ドモ ガ ハビコッテ、 **人民**
苦シメテイマシタ	ヲ **苦**シメテ イマシタ。
御心配	**天皇** ハ **深**ク コレ ヲ **御心配** ナサ
御自身	イマシテ、 **御自身** ニ **兵** ヲ **引**キツレ
引キツレテ	テ、 (4-66)

オ進ミニナッテ オ弓 光 キラキラスル ニゲテシマイマシタ オタイラゲニナッテ 大和國 儀式 行ッテ 第一代 オツキニナリマシタ 紀元節	東 ノ 方 エ オ進ミ ニ ナッテ、 ワルモノ ドモ ヲ 御セイバツ ナサイマシタ。 或ル 時 ドコ カラ トモ ナク、 金色 ノ トビ ガ 一羽 トンデ 來テ、 天皇 ノ オ弓 ノ 先 ニ 止リマシタ。 其ノ 光 ガ キラキラスル ノデ、(4-67) ワルモノ ドモ ハ、 目 ヲ アケテ イル コト ガ デキマセン。 ソレデ ミンナ 恐レテ ニゲテ シマイマシタ。 天皇 ハ ワルモノ ドモ ヲ ノコラズ オタイラゲ ニ ナッテ、 大和國(ヤマトノクニ) デ 盛ンナ 儀式 ヲ 行ッテ、 第一代 ノ 天皇 ノ 御位 ニ オツキ ニ ナリマシタ。 其ノ 日 ハ チョウド 二月十一日 ニ アタリマス。 ソレデ 毎年 此ノ 日 ニ、(4-68) 紀元節 ノ オ祝 ヲ イタス ノ デゴザイマス。

アマリ 神武天皇祭	**神武天皇** ガ **御位** ニ オツキ ニ ナッタ ノ ハ、**今** カラ **二千五百七十年** アマリ **前** デ ゴザイマス。 **天皇** ノ オカクレ ニ ナリマシタ **日** ハ、**四月三日** ニ アタリマス カラ、**毎年** **此**ノ **日** ニ オ**祭** ガ ゴザイマス。コレ ヲ **神武天皇祭** ト **申**シマス。(4-69) **練習** 一、**神武天皇** ガ、**東** ノ **方** ヲ **御**セイバツ ナサッタ ワケ ヲ、オ**話**シ ナサイ。 二、**金色** ノ トビ ノ コト ヲ **文** ニ オ**作**リ ナサイ。 三、**紀元節** ノ コト ヲ オ**話**シ ナサイ。 四、**神武天皇祭** ノ コト ヲ オ**話**シ ナサイ。

第十九課、十錢銀貨 ノ モノガタリ

十錢**銀貨** モノガタリ 世間 兄弟	**私** ハ **十錢銀貨** デス。(4-70) **世間** ニハ **私** ノ **兄弟** ヤ **仲間** ノ モノ ガ、 **大勢** **居**マス。

本名 貨**幣** 錢	**私** ドモ ノ **本名** ハ **貨幣** ト イウ ノ デス ガ、 **錢** ト イウ **人** モ アリマス。(4-71)

カケマワリマス モラッテイマス 五十錢銀貨 二十錢銀貨 白**銅**貨 銅貨	**又 私** ドモ ハ、 **毎日**、 アチコチ カケマワリマス カラ、 オアシ ト イウ **名** モ モラッテ イマス。 **五十錢銀貨** ト **二十錢銀貨** ハ **私** ノ **兄弟** デ、 **五錢** ノ **白銅貨** ト、 **二錢** ヤ、 **一錢** ヤ、 半**錢** ノ **銅貨** ハ、 **皆 私** ノ **仲間** デス。
金貨	**此**ノ **外 私** ノ **仲間** ニ、 **金貨** ト イウ ノ ガ **居**マス ガ、(4-72)
二十**圓** メッタニ **顔**	コレ ニモ **二十圓 十圓 五圓** ノ **兄弟** ガ アリマス。 **金貨** ハ メッタニ **外** エ **出**マセン カラ、 マダ **其**ノ **顔** ヲ **知**ラナイ **人** モ **多**イ デショウ。
紙幣 札 **壹**圓 **拾**圓 **百**圓	**私** ドモ ノ **外** ニ、 **紙幣** ト イウ ノ ガ **居**マス。 **紙幣** ノ コト ヲ、 **世間** デハ、 **札**(サツ) トモ イイマス。 **札** ニハ **壹圓 五圓 拾圓 百圓** ノ **兄弟** ガ アリマス。(4-73)

輕イ 人人	コレ　ハ　**私**　ドモ　ヨリ　カラダ　ガ　**輕**イ　カラ、**大**ソウ　**人人**　ニ　スカレマス。  **私**　ドモ　ヤ　**紙幣**　ハ、**毎日**　**忙**シク、イロイロナ　**人**　ノ　**所**　エ　デイリシマス、ヨイ　**子供**　ハ、**私**　ドモ　ガ　**行**クト、(4-74) **大切**ニ　シテ　オイテ、**郵便局**　エ　**預**ケテ　クレマス。 **練習** 一、**貨幣**　ニハ　ドンナ　ノ　ガ　アリマスカ。ソレ　ヲ　**文**　ニ　オ**作**リ　ナサイ。

	二、**紙幣** ニハ、 **何圓** ノ ト **何圓** ノ ガ アリマス カ。 三、ナゼ **紙幣** ハ **人人** ニ スカレマス カ。(4-75)

第二十課、あきない の 遊

あきない **店** **織**物 ならべてあります	お**松** が お**竹** と あきない の **遊** を して います。 お**松** の **店** には、**糸** や、**織物** や、いろいろな **物** が ならべて あります。 
一かけ	お**竹**「**其**の **糸** は 一かけ いくら ですか。」 お**松**「**三錢** です。」

五かけ	お**竹**「それ　を　**五**かけ　もらいましょう。(4-76) それから　**其**の　**反物**　を　**見**せて **下**さい。」
二反	お**松**　は　**反物**　を　**二反**　**出**して、 「これ　が　**一圓五十錢**　で、これ　が **二圓三十五錢**　です。」
兩方	と　いいました。お**竹**　は　**兩方**　を　**手** に　**取**って　**見**て、 「こちら　を　もらいましょう。」 と　いって、**二圓三十五錢**　の　**方**　を **買**いました。(4-77) お**竹**「みんな　で　いくら　に　なります か。」 お**松**「**一**かけ　**三錢**　の　**糸**　が　**五**かけ で　**十五錢**、それ　に　**反物**　が **二圓三十五錢**　です　から、みんな で　**二圓五十錢**　に　なります。」 お**竹**　は　**五圓**　と　**書**いた　**紙**　の　きれ を　**出**して、

	「**五圓**　**上**げます　から、　これ　で　**取**って　**下**さい。」(4-78)
紙きれ 二**枚**	お**松**　は　**壹圓**　と　**書**いた　**紙**きれ　**二枚**　と、　**五十錢**　と　**書**いた　の　を　**一枚**　**出**して、
おつり 毎度	「おつり　を　**上**げます。　**毎度**　ありがとう　ございます。」 と　いいました。
	練習 一、あきない　の　**遊**　とは、　どんな　こと　を　する　の　です　か。 二、お**竹**　と　お**松**　の　いった　こと　を　**話**して　ごらん　なさい。(4-79)

第二十一課、なぞ

なぞ 死んだ ころがす 重ねる 堅くて 軟らかです あたれば こわれてしまいます	私 には、口 も、目 も、耳 も ありません。手 も 足 も ありません。まるい けれども、まり の よう に まんまる では ありません。動かずに 居ます が、死んだ の では ありません。 私 を ころがす の は、誰 にも できます が、(4-80) 立たせる こと は できません。又 私 ども を 二つ 重ねる こと は、どう して も できません。私 は そと が 堅くて、中 が 軟らか です。堅い 物 に あたれば、すぐに こわれて しまいます。 私 は 何 でしょう。 **練習** 一、此の もの の いった こと を 話して ごらん なさい。(4-81) 二、なぞ とは どんな もの です か。

第二十二課、卵 から 生れた 王

王 長 妻 生みました 不吉 海岸 ふた 小兒 そうすると 成人して すぐれた	昔 内地 の 或る 所 で、 そこ の 長(おさ) の 妻 が 子 を 生みました。 ところが それ は 大きな 卵 で ありました。 不吉 だ と いう ので、 其の 卵 を 美しい 箱 に 入れて、 海 に すてて しまいました。(4-82) すると 其の 箱 が、 だんだん、 朝鮮 の 海岸 え 流れて 來ました。 けれども 誰 も それ を ひろいません でした。 とうとう 或る おばあさん が ひろって、 箱 の ふた を あけて 見ます と、 中 に 一人 の 美しい 小兒 が 居ました。 おばあさん は 大そう 喜んで、 これ を 大切に そだてました。(4-83) そうすると 此の 小兒 が だんだん 成人して、 人 に すぐれた 大男 に なりました。

けだかくて **智慧** ついに 新羅	**顔** かたち が けだかくて、**智慧** も **人** に すぐれて いました が、ついに **新羅**(しらぎ) の **王** に なった と いう こと で あります。
臣下 **瓠公** ひょうたん **腰** **渡**って**來**た	**此**の **人** の **臣下** に、**瓠公**(ここう) と いう もの が ありました。これ も **内地** の **人** で、**大**きな ひょうたん を **腰**に つけて、(4-84) **海** を **渡**って **來**た と いう こと で あります。
	練習 一、**卵** を **箱** に **入**れて、**海** に **流**した わけ を お **話**し なさい。 二、**誰** が **其**の **箱** を ひろいました か。 三、**箱** の **中** の **小兒** は どう なりました か。それ を **文** に お**作**り なさい。 四、**瓠公** の こと を お**話**し なさい。(4-85)

第二十三課、虎　ト　猫

虎 猫 獸 常ニ 鹿 兎 タマ 似タ	虎　ハ　カラダ　ノ　長サ　ガ　六尺　モ　アリ、高サ　ガ　三尺　モ　アッテ、大ソウ　力　ノ　强イ　獸　デ　ゴザイマス。 虎　ハ　常ニ　鹿　ヤ　兎　ナド、イロイロナ　獸　ヲ　トッテ　食イマス。タマニハ　人　ヲ　トッテ　食ウ　コト　モ、アル　ソウ　デ　ゴザイマス。 トコロガ　人　ノ　カッテ　オク　獸　デ、(4-86)此ノ　恐ロシイ　虎　ニ、ヨク　似タ　ノ　ガ　アリマス。ソレ　ハ　猫　デ　ゴザイマス。 

アゴ 頸 スルドイ 曲ッタ 爪 牙 スベテ 他 イキモノ ツゴウ 鼻 亦 ニゲアガッテ	**猫** ハ **虎** ヲ **小**サク シタ ヨウナ **獸** デ ゴザイマス。 **猫** ノ アゴ ハ **短**クテ、**頸** ハ **太**ウ ゴザイマス。 ソウシテ **足** ノ **先** ニハ、(4-87) スルドイ **曲**ッタ **爪** ガ アリマス。 **又** **口** ニハ、 **上下** ニ、 **二本** ヅツ スルドイ **牙** ガ アリマス。 コレ ラ ハ スベテ **虎** ト **同**ジ コト デ、**他** ノ イキモノ ヲ トッテ **食**ウ ノ ニ、ツゴウ ガ ヨク デキテ イマス。 **又** **目** **鼻** **耳** ノ **形** カラ、 **尾** ノ **長**イ トコロ、 ヒゲ ノ **太**イ トコロ マデ、 **大**ソウ ヨク **虎** ニ **似**テ イマス。(4-88) **虎** モ **亦** **猫** ノ ヨウ ニ、 ヨク **木** ニ ノボリマス。 ソレデスカラ **小**サナ **獸** ナド ガ、 **木** ノ **上** エ ニゲアガッテ モ、 **虎** ハ スグ ノボッテ、 トッテ **食**イマス。

毛色	**虎** ノ **毛色** ハ **美**シウ ゴザイマス カラ、 **人** ガ、 **其**ノ **皮** ヲ シキ**物** ナド ニ シテ、 タットビマス。
三毛	**猫** ノ **毛色** ニハ、 **黒** **白** **三毛** ナド、 イロイロ アリマス。(4-89)
虎猫	**又** **虎** ノ **毛色** ニ **似**タ ノ モ アリマス。 ソレ ハ **虎猫** ト イウ モノ デ ゴザイマス。
	練習
	一、**虎** ノ コト ヲ オ**話**シ ナサイ。 二、**猫** ノ コト ヲ オ**話**シ ナサイ。 三、**虎** ト **猫** ノ **似**タ トコロ ヲ オ**話**シ ナサイ。

第二十四課、巴提便(ハテビ)

巴提便	昔 巴堤便 ト イウ 人 ガ、天子 サ
オ使	マ ノ オ使 デ、(4-90)
	内地 カラ 朝鮮 エ マイリマシタ。
途中	途中 デ 日 ガ 暮レタ ノデ、或ル
暮レタ 宿屋	宿屋 ニ 泊リマシタ ガ、チョウド 其
泊リマシタ 晩	ノ 晩、雪 が 大ソウ フリマシタ。
	巴提便 ハ 小サナ 子供 ヲ ツレテ
	來タ ノ デス ガ、其ノ 子供 ガ ニ
ニワカニ	ワカニ 見エナク ナッテ、イクラ タズ
分リマセン	ネテ モ 分リマセン。(4-91)

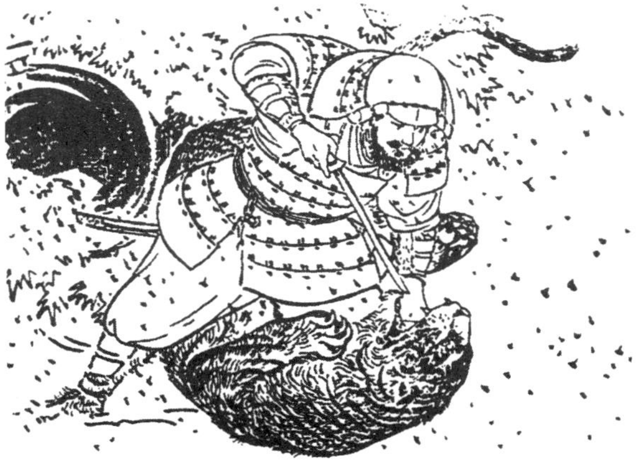

夜アケ アタリ 足アト ドウモ サテハ ツケテ行キマシタ 山奥 穴 ウズクマッテイマシタ カナシヤ 飛ビカカリマシタ カタキ ウチカカッテ	**夜**アケ　ニ　ナッテ、**家**　ノ　アタリ　ヲ　**見**ル　ト、**大**キナ　**獸**　ノ　**足**アト　ガ　アリマス。ドウモ　ソレ　ハ　**虎**　ノ　**足**アト　ノ　ヨウ　デス。ソコデ　**巴提便**　ハ　「サテハ　**虎**　ガ　クワエテ　**行**ッタ　ノ　カ。」ト、スグ　**其**ノ　**足**アト　ヲ　ツケテ　**行**キマシタ。(4-92) **足**アト　ハ、ダンダン、**山奥**　ノ　**方**　エ　ツヅイテ　イマシタ。**巴提便**　ハ、トウトウ、**穴**　ノ　アル　**所**　マデ　**行**キマシタ。 スルト　**穴**　ノ　**中**　ニハ、**大**キナ　**虎**　ガ　**目**　ヲ　**光**ラシテ、ウズクマッテ　イマシタ。カナシ　ヤ、**子供**　ハ　モウ　**食**ワレテ　シマッタ　ノ　デス。 **虎**　ハ　**巴提便**　ヲ　**見**ル　ト、**口**　ヲ　アケ、**牙**　ヲ　**鳴**ラシテ、**飛**ビカカリマシタ。(4-93) **巴提便**　ハ　「オノレ　**我**ガ　**子**　ノ　カタキ。」ト　ウチカカッテ、コレ　ヲ　**殺**シ

殺シテシマイマシタ 持チ歸ッテ奉リマシタ	テ　シマイマシタ。 **巴提便**　ハ　**其**ノ　**虎**　ノ　**皮**　ヲ　**持**チ**歸**ッテ、**天子**　サマ　ニ　**奉**リマシタ。 **練習** 一、**巴提便**　ノ　**子供**　ガ　ドウ　ナリマシタカ。 二、**巴提便**　ハ　ドウ　シマシタ　カ。 三、**虎**　ハ　ドウ　シマシタ　カ。ソレ　ヲ　**文**ニ　オ**作**リ　ナサイ。(4-94) 四、**巴提便**　ノ　コト　ヲ　オ**話**シ　ナサイ。

第二十五課、ことわざ

ことわざ かせぐ おいつく **貧乏** **朱** ふり **直**せ **落**ちる ころばぬ にがして 馬屋 **瓦** おしんで **棟** くさらす **氏**	一、かせぐ　に　おいつく　**貧乏**　なし。 二、ちり　も　つもれば、**山**　と　なる。 三、**朱**　に　まじれば、**赤**く　なる。 四、**人**　の　ふり　**見**て、**我**が　ふり　**直**せ。 五、**猿**　も　**木**　から　**落**ちる。(4-95) 六、ころばぬ　さき　の　**杖**。 七、**馬**　を　にがして、**馬屋**　を　**直**す。 八、**瓦**　**一枚**　おしんで、**棟**(むなぎ)　を　くさらす。 九、**氏**　より　そだち。 **練習** 一、**此**の　**課**　の　ことわざ　を、**一つ**　づつ、そらで　いって　ごらん　なさい。 二、**此**の　**課**　の　ことわざ　の　**意味**　を、**一つ**　づつ、お**話**し　なさい。(4-96)

第二十六課、たび立

たび立 したく 御しゅったつ 前日 みえました 御無**事** 道中 お大事 るす中 お**願**い申し ます	**私** の **家** は **京城** に あります。 おとうさん は **東京** え いらっしゃる ので、 いろいろ したく を なさいました。 **御**しゅったつ の **前日** には、 **大勢** の お**方** が あいさつ に みえました。 そうして 「**御無事** で おいで なさい。」 とか、「**道中** お**氣** を おつけ なさい。」 とか、「おからだ を お**大事** に なさい。」 とか おっしゃいました。(4-97) おとうさん は 「ありがとう ございます。 どうぞ るす**中** よろしく お**願**い **申**します。」 と おっしゃいました。 **皆**さん の おっしゃった こと は、たいてい **分**りました が、 おとうさん が、「るす**中** よろしく お**願**い **申**します。」 と おっしゃった こと が、 **分**りません でした。

	そこで　おかあさん　に　ききましたら、(4-98) 「おとうさん　の　いらっしゃらない　**間** は、**女**　や　**子供**　ばかり　だ　から、 よく　おせわ　を　**願**います　と　いう こと　だ。」 と　いって　きかせて　**下**さいました。 
御出立	**御出立**　の　**朝**、**私**　たち　は　おとうさ ん　に、
おいでなさいませ るすい	「**御無事**　で　おいで　なさいませ。(4-99) **私**　たち　は　よく　るすい　を　して　い ます。」

	と **申**しましたら、 おとうさん は **喜**んで、 「おとうさん は じきに **歸**って **來**ます。 よい おみやげ を **持**って **來**るから、 **待**って おいで なさい。」 と おっしゃいました。
おみやげ	
送りました	それから **私** たち は **停車場** まで **送**りました。 **外** の **方** も **大勢** **見送**に **來**て **下**さいました。(4-100)
まもなく	**汽車** は まもなく **出**ました が、 **私** たち は、 **見**えなく なる まで、 **立**って **見**て いました。 おとうさん は **汽車** で **釜山** まで **行**って、 **汽船** で **内地** え **渡**って、 それから **又** **汽車** で、 **東京** え いらっしゃる の だ そう です。 **東京** え お**着**き に なったら、 すぐ **手紙** を **下**さる と おっしゃいました から、(4-101) **私** たち は それ を **待**って います。
手紙	

	練習 一、**人人** が **父** に **何** と いって、あいさつ を しました か。 二、「るす**中** よろしく お**願**い **申**します。」とは、どんな **意味** です か。 三、**子供** は **父** に **何** と いいました か。 四、**父** は **子供** に **何** と いいました か。
シンニウ	五、シンニウ(⻌) の ついた **字** を、**知**って いる だけ お**書**き なさい。(4-102)

第二十七課、るすい

	おとうさん は、 このあいだ、 **内地** え いらっしゃいました。 **後** には おかあさん と、 ねえさん と、 **私** と、 **妹** が、 るすい を して います。

いいつけ	**私** たち は おかあさん の いいつけ を よく きいて、(4-103)
おとなしく	おとなしく して います。

だいどころ 火 焚いたり 汲んだり 戸だな へや もり 用心 おうわさ	おかあさん が だいどころ で、ごはん の したく を して いらっしゃる と、ねえさん は **火** を **焚**いたり、**水** を **汲**んだり して、**手**つだい を なさいます。**戸**だな や、えんがわ や、へや など の そうじ も なさい ます。**私** は **庭** を はいたり、お**使** に **行**ったり、**妹** の もり を した り します。(4-104) おとうさん は **御出立** の **朝**、よく **火** の **用心** を する よう に と おっしゃいました。おかあさん も、**火** が 一ばん **恐**ろしい と いって いらっ しゃいます。それで **私** ども は、**火** の **用心** を **第一** に して います。 **晩** の ごはん が すむ と、みんな いっしょに なって、おとうさん の おう わさ を します。**早**く おとうさん が お**歸**り に なれば よい と、(4-105)

みんな が **毎日** の よう に いって います。

練習

一、**子供** は るす**中** **何** を して、おかあさん の **手**つだい を しました か。
二、おとうさん は **出立** の **朝**、**何** と いいました か。

第二十八課、一年

	一年 ハ **三百六十五日** テ、コレ ヲ **十二箇月** ニ **分**ケマス。(4-106) **十二箇月** ノ **中** ニハ、**大** ノ **月** ト **小** ノ **月** ガ アリマス。**大** ノ **月** ハ **三十一日** デ、**小** ノ **月** ハ **三十日** デス。ソウシテ、**四** **六** **九** **十一** ノ **四箇月** ハ **小** ノ **月** デ、アト ハ **二月** ノ **外**、**皆** **大** ノ **月** デス。**二月** ハ タイテイ **二十八日** デスガ、**年** ニ ヨル ト、**二十九日** ノ コト モ アリマス。(4-107)
四季	**十二箇月** ヲ **分**ケテ、**春** **夏** **秋** **冬** ノ **四季** ト シマス。 **三月** カラ **五月** マデ ハ **春** デ、**六月** カラ **八月** マデ ハ **夏** デス。

	ソウシテ 九月 カラ 十一月 マデ ハ
アクル年	秋デ、 十二月 カラ アクル年 ノ 二月
	マデ ハ 冬デス。
	一年 ノ 中 ニ、 晝 ノ 長サ ト、
等シイ	夜 ノ 長サ ノ 等シイ コト ガ、
	二度 アリマス。(4-108)
	一度 ハ 三月 ノ 二十一日 ゴロ
春分	デ、 コレ ヲ 春分 ト イイ、 一度
	ハ 九月 ノ 二十三日 ゴロ デ、 コレ
秋分	ヲ 秋分 ト イイマス。
春季皇靈祭	春分 ノ 日 ニハ、 宮中 デ 春季皇靈
代代	祭 ト 申シマシテ、 代代 ノ 天皇、
	其ノ 外 ノ 神神 ノ オ祭 ガ アリ
秋季皇靈祭	マス。 又 秋分 ノ 日 ニモ、 秋季皇
	靈祭 ト 申シマシテ、(4-109)
	同ジ オ祭 ガ アリマス。

練習

一、何月 ト 何月 ガ、小 ノ 月 デス カ。

二、二月 ハ イクニチ アリマス カ。

三、十二箇月 ヲ 四季 ニ 分ケテ ゴラン ナサイ。

四、春季皇靈祭 ノ コト ヲ オ話シ ナサイ。

五、秋季皇靈祭 ノ コト ヲ オ話シ ナサイ。

(4-110)

普通學校國語讀本 卷四終

【附　錄】

第一課 **第一課**(ダイイッカ)。**菊**(キク)。**其**(ソ)ノ。**形**(カタチ)。**美**(ウツク)シクテ。**皇室**(コウシツ)。**御紋**(ゴモン)。オ**用**(モチ)イ。**申**(モウ)シマス。

第二課 **空**(ソラ)。**晴**(ハ)レテ。**次郎**(ジロウ)。**鳴**(ナ)ク。**毒**(ドク)。**此**(コ)ノ。

第三課 オ**客**(キャク)。**春吉**(ハルキチ)。オ**上**(アガ)リ。

第四課 お**出**(イ)で。**呼**(ヨ)びました。**綿入**(ワタイレ)。**新**(アタラ)しい。

第五課 **或**(ア)る。**烏**(カラス)。**一度**(イチド)。**羽**(ハネ)。**仲間**(ナカマ)。**初**(ハジメ)。**巣**(ス)。**歸**(カエ)りました。

第六課 **穀物**(コクモツ)。**粟**(アワ)。**黍**(キビ)。**豆**(マメ)。**飯**(メシ)。**餅**(モチ)。**煑**(ニ)て。**油**(アブラ)。**後**(アト)。**豆粕**(マメカス)。**稗**(ヒエ)。**蕎麥**(ソバ)。

第七課 **奥**(オク)。オ**宮**(ミヤ)。**大木**(タイボク)。**御先祖**(ゴセンゾ)。**世**(ヨ)。**稻**(イネ)。**蠶**(カイコ)。オ**敎**(オシ)エ。**神嘗祭**(カンナメマツリ、サイ)。オ**供**(ソナ)エ。**新嘗祭**(ニイナメマツリ、サイ)。

第八課 **酒**(サケ)。**一升**(イッショウ)。**一合**(イチゴウ)。**一勺**(イッシャク)。**一斗**(イット)。**一石**(イチコク)。**枡**(マス)。

第九課 **家畜**(カチク)。**食用**(ショクヨウ)。**紙**(カミ)。**材料**(ザイリョウ)。

第十課 **枯**(カ)レテ。**食**(タ)ベ**物**(モノ)。**困**(コマ)ッテ。**少**(スコ)シ。メグンデ**下**(クダ)サイ。**涼**(スズ)シイ。**暑**(アツ)い。**汗**(アセ)。

第十一課 **墨**(スミ)。**鉛筆**(エンピツ)。**雞**(ニワトリ)。**卵**(タマゴ)。**郵便局**(ユウビンキョク)。**預**(アズ)けて。**引**(ヒ)きかえ。**郵便貯金通帳**(ユウビンチョキンカヨイチョウ)。**利息**(リソク)。

第十二課 **本箱**(ホンバコ)。**道具**(ドウグ)。**夕飯**(ユウハン)。

第十三課 **御壽命**(ゴジュミョウ)。**千年**(センネン)。**萬年**(マンネン)。**岩**(イワ)。**意味**(イミ)。

第十四課 **大蛇**(ダイジャ)。**飮**(ノ)んで。**斬**(キ)りころして。**寶劍**(ホウケン)。**往來**(オウライ)する。

第十五課 **頂**(イタダキ)。**扇**(オウギ)。

第十六課 **東西**(トウザイ)。**南北**(ナンボク)。**朝鮮海峽**(チョウセンカイキョウ)。**京城**(ケイジョウ)。**大都會**(ダイトカイ)。**殆**(ホト)ンド。**釜山**(フザン)。**便利**(ベンリ)。

第十七課 **烟**(ケムリ)。**乘**(ノ)リ**込**(コ)ンデ。**棧橋**(サンバシ)。**運**(ハコ)ンデ。**汽笛**(キテキ)。**下關**(シモノセキ)。

第十八課 **御子孫**(ゴシソン)。**御心配**(ゴシンパイ)。**御自身**(ゴジシン)。オ**進**(スス)ミ。オ**弓**(ユミ)。**光**(ヒカリ)。**儀式**(ギシキ)。**行**(オコナ)ッテ。**第一代**(ダイイチダイ)。**紀元節**(キゲンセツ)。

第十九課 **十錢銀貨**(ジッセンギンカ)。**世間**(セケン)。**兄弟**(キョウダイ)。**本名**(ホンミョウ)。**貨幣**(カヘイ)。**錢**(ゼニ)。**白銅貨**(ハクドウカ)。**二十圓**(ニジウエン)。**顔**(カオ)。**紙幣**(シヘイ)。**壹圓**(イチエン)。**拾圓**(ジウエン)。**百圓**(ヒャクエン)。**輕**(カル)イ。

第二十課 **店**(ミセ)。**織物**(オリモノ)。**五**(イツ)かけ。**二枚**(ニマイ)。

第二十一課 死(シ)んだ。重(カサ)ねる。堅(カタ)くて。軟(ヤワ)らか。

第二十二課 王(オウ)。妻(ツマ)。不吉(フキツ)。海岸(カイガン)。小兒(ショウニ)。成人(セイジン)して。智慧(チエ)。臣下(シンカ)。腰(コシ)。渡(ワタ)って。

第二十三課 虎(トラ)。猫(ネコ)。獸(ケモノ)。常(ツネ)ニ。鹿(シカ)。兎(ウサギ)。似(ニ)タ。頸(クビ)。曲(マガ)ッタ。爪(ツメ)。牙(キバ)。他(タ)。鼻(ハナ)。亦(マタ)。三毛(ミケ)。

第二十四課 オ使(ツカイ)。途中(トチウ)。暮(ク)レタ。宿屋(ヤドヤ)。泊(トマ)リマシタ。晩(バン)。分(ワカ)リマセン。夜(ヨ)アケ。穴(アナ)。飛(ト)ビカカリマシタ。殺(コロ)シテ。奉(タテマツ)リマシタ。

第二十五課 貧乏(ビンボウ)。朱(シュ)。直(ナオ)せ。落(オ)ちる。瓦(カワラ)。氏(ウジ)。

第二十六課 御無事(ゴブジ)。お願(ネガ)い。御出立(ゴシュッタツ)。

第二十七課 火(ヒ)。焚(タ)いたり。汲(ク)んだり。戸(ト)だな。

第二十八課 四季(シキ)。等(ヒト)シイ。春分(シュンブン)。秋分(シウブン)。春季皇靈祭(シュンキコウレイサイ)。代代(ヨヨ)。

大正二年二月十三日印刷
大正二年二月十五日發行
大正三年七月五日三版

定價金六錢

朝鮮總督府

總務局印刷所印刷

찾아보기

편자소개(원문서)

김순전 金順槇

소속 : 전남대 일문과 교수, 한일비교문학・일본근현대문학 전공

대표업적 : ①저서 : 『韓日 近代小說의 比較文學的 硏究』, 태학사, 1998년 10월
②저서 : 『일본의 사회와 문화』, 제이앤씨, 2006년 9월 외 다수
③역서 : 조선총독부 제Ⅰ기 『초등학교 일본어 독본』 1～4, 제이앤씨, 2009년 5월

박제홍 朴濟洪

소속 : 전남대 일문과 강사, 일본근현대문학 전공

대표업적 : ①논문 : 「日帝末 문학작품에 서사된 金玉均像-『청년 김옥균』 「배안에서」 『김옥균의 死』를 중심으로」, 『日本語敎育』 48집, 한국일본어교육학회, 2009년 6월 외 다수
②편저 : 『朝鮮總督府編纂訂正普通學校國語讀本原文 上・下』, 제이앤씨, 2010년 7월 외 다수

장미경 張味京

소속 : 전남대 일문과 강사, 일본근현대문학 전공

대표업적 : ①논문 : 「조선총독부 발간 『여자고등보통학교수신서』의 여성상, 『日本學硏究』 21집, 檀國大學校 日本硏究所, 2007년 5월 외 다수
②편저 : 『學部編纂日語讀本上・下』, 제이앤씨, 2010년 7월 외 다수

박경수 朴京洙

소속 : 전남대 일문과 강사, 일본근현대문학 전공

대표업적 : ①논문 : 「鄭人澤の日本語小說硏究 -「淸凉里界隈」と 「覺書」を中心に-」, 『日本語文學』 제33집, 한국일본어문학회, 2007년 6월 외 다수
②저서 : 『조선인 일본어소설 연구』-일제강점기 한국문학의 거세된 정체성 재건을 위하여-, 제이앤씨, 2010년 6월 외 다수

사희영 史希英

소속 : 전남대 일문과 강사, 일본근현대문학 전공

대표업적 : ①논문 : 「식민지하 教師養成과 『師範學校修身書』 硏究」, 『日本語文學』 제36집, 한국일본어문학회, 2007년 2월 외 다수
②저서 : 『제국의 식민지수신』-조선총독부 편찬 <修身書>연구-, 제이앤씨, 2008년 3월 외 다수

朝鮮總督府編纂『普通學校國語讀本』原文 上

초판인쇄 2011년 7월 14일
초판발행 2011년 7월 25일

편 자 김순전 박제홍 장미경 박경수 사희영 공편
발 행 인 윤석현
발 행 처 제이앤씨
등록번호 제7-220호
책임편집 박채린
마 케 팅 류준호

우편주소 132-702 서울시 도봉구 창동 624-1 북한산현대홈시티 102-1206
대표전화 (02) 992-3253(대)
전 송 (02) 991-1285
홈페이지 www.jncbms.co.kr
전자우편 jncbook@hanmail.net

ISBN 978-89-5668-860-2 94190
978-89-5668-859-6 (전2권)

정가 25,000원